Jésus est venu
sauver les **pécheurs**

Dieu, sans tenir compte des temps d'ignorance, annonce maintenant à tous les hommes, en tous lieux, qu'ils aient à se repentir.
(Actes 17:30)

Jésus est venu
sauver les **pécheurs**

*Une conversation sérieuse avec
les personnes qui aspirent au
salut et à la vie éternelle*

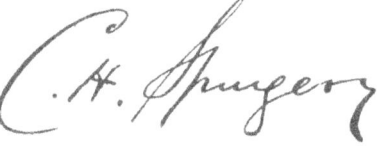

Nous aimons être à l'écoute de nos lecteurs.
Pour toute question, commentaire ou suggestion,
n'hésitez pas à nous contacter à l'adresse suivante :
www.anekopress.com/questions-comments.

Jésus est venu sauver les pécheurs – Charles H. Spurgeon
Édition française mise à jour Copyright © 2025
Première édition publiée en 1886
Titre précédent : *Tout est grâce*

Les passages bibliques sont tirés de La Sainte Bible par Louis Segond 1910
Conception de la couverture : N. Hawthorne
Photographie de la couverture : Begun/Shutterstock

Aneko Press

www.anekopress.com

Aneko Press, Life Sentence Publishing et nos logos sont des marques
déposées de Life Sentence Publishing, Inc.
203 E. Birch Street
B.P. 652
Abbotsford, WI 54405
RELIGION / Théologie chrétienne / Sotériologie
Livre de poche ISBN : 979-8-88936-487-0
eBook ISBN : 979-8-88936-488-7
10   9   8   7   6   5   4   3   2   1
Disponible dans les points de vente de livres

Table des matières

Pour vous

Dans mes efforts pour aborder au mieux ce sujet très important, j'ai choisi un langage simple et clair afin que, quelle que soit la personne qui lit ce livre, le Saint-Esprit puisse l'impressionner par la vérité. Que vous soyez instruit ou non, peu importe qui lit et est impressionné par la vérité contenue dans ces pages, je prie pour que certains puissent devenir de grands gagneurs d'âmes.

Qui sait combien de personnes trouveront le chemin de la paix grâce à ce qu'elles liront? Une question plus importante est la suivante : serez-vous l'une d'entre elles?

Un homme a construit une fontaine au bord de la route et y a suspendu une coupe au moyen d'une petite chaine. Un peu plus tard, un critique d'art bien connu a trouvé à redire à son œuvre. Informé de cette critique, l'homme qui avait construit la fontaine a posé la question suivante : « Beaucoup de personnes viennent-elles se désaltérer à la fontaine? » On lui a répondu que des milliers de pauvres, d'hommes, de femmes et d'enfants s'y abreuvent. Il a souri parce que l'observation du critique ne le gênait pas. En revanche, il espérait voir le critique lui-même remplir la coupe un jour d'été étouffant, se rafraichir et louer le nom du Seigneur.

Voici ma fontaine et ma coupe. Critiquez-la si vous voulez, mais de grâce, buvez-y de l'eau de vie. C'est tout ce qui m'importe. Je préfère bénir l'âme d'un chiffonnier ou du plus pauvre de ceux qui balaient le chemin devant les personnes qui traversent les rues sales de la ville en échange d'un pourboire, plutôt que de plaire à un prince issu d'une lignée royale et de ne pas réussir à le convertir à Dieu.

Êtes-vous sincère dans votre intention de lire ce livre ? Si oui, nous sommes sur la même longueur d'onde dès le départ. Mon but ultime est que vous trouviez Christ et le ciel. Oh, j'espère que nous y parviendrons ensemble ! Je le souhaite alors que je dédie ce petit livre en priant. Ne voulez-vous pas me rejoindre en levant les yeux vers Dieu et en lui demandant de vous bénir pendant que vous le lisez ? Par égard pour vous, Dieu, dans sa prévenance, a permis que vous découvriez ce livre et, bien que vous ne disposiez que peu de temps libre pour le lire, vous êtes prêt à créer du temps pour la lecture. C'est un bon signe. Qui sait la bénédiction qui vous est réservée alors que vous le faites ? En tout état de cause, il est écrit : *Aujourd'hui, si vous entendez sa voix, n'endurcissez pas vos cœurs, comme lors de la révolte* (Hébreux 3:15).

> Mon but ultime est que vous trouviez Christ et le ciel.

Introduction

Où êtes-vous ?

J'ai appris l'histoire d'un serviteur de Dieu qui s'était rendu chez une femme pauvre. Il voulait lui donner de l'argent parce qu'il savait qu'elle était très pauvre. L'argent à la main, il a frappé à la porte, mais elle n'a pas répondu. Il a conclu qu'elle n'est pas à la maison et a poursuivi son chemin. Peu après, il l'a rencontrée à l'église et lui a dit qu'il s'était souvenu de son besoin. « Je suis allé chez toi et j'ai frappé plusieurs fois », lui a-t-il dit. « J'ai pensé que tu n'étais pas chez toi, car personne n'est venu ouvrir la porte. »

« Quelle heure était-il, s'il vous plait ? »

« Environ midi. »

« Oh là là », s'est-elle exclamée. « Je vous ai entendu et je suis vraiment désolée de ne pas avoir répondu. Je pensais que c'était le bailleur qui voulait l'argent du loyer. » Bon nombre de ceux qui passent par des défis financiers savent de quoi je parle.

Je souhaite vivement que vous compreniez ce message, c'est pourquoi je tiens à dire que je ne réclame pas de loyer. Sans aucun doute, l'objet de ce livre n'est pas de vous demander quoi que ce soit, mais de vous dire que le salut est le fruit de la grâce, ce qui signifie gratuit, pour rien, sans frais.

Souvent, lorsque nous voulons attirer l'attention de quelqu'un, il a tendance à penser : « Maintenant, on va me dire ce que je dois faire. Cet homme qui frappe à ma porte va me demander de donner ce qui est dû à Dieu. Conscient que je n'ai rien pour payer, je vais faire comme si je n'étais pas à la maison. »

Ce n'est pas le but de ce livre. Il n'exige rien de vous. Au contraire, il vous apporte quelque chose. Nous n'allons pas parler de la loi, du devoir et de la punition.

Non, nous allons parler de l'amour, de la bonté, du pardon, de la miséricorde et de la vie éternelle.

Nous allons parler de l'amour, de la bonté, du pardon, de la miséricorde et de la vie éternelle.

Ne faites donc pas comme si vous n'étiez pas chez vous, ne faites pas la sourde oreille et ne vous montrez pas indifférent. Je ne vous demande rien au nom de Dieu ou de l'homme. Je n'ai pas l'intention d'exiger quoi que ce soit de votre part. Au contraire, je viens au nom de Dieu pour vous apporter un cadeau (gratuit) qui vous apportera une joie présente et éternelle lorsque vous le recevrez.

Ouvrez la porte, et recevez mes sincères supplications. Venez, et raisonnons ensemble (Ésaïe 1:18). Le Seigneur lui-même vous invite à une rencontre pour discuter de votre bonheur immédiat et sans fin, et il ne le ferait pas s'il n'était pas animé de bonnes intentions à votre égard. Ne rejetez pas le Seigneur Jésus qui frappe à votre porte, car il frappe d'une main qui a été clouée sur la croix pour des personnes comme vous et moi. Son seul but étant votre bien, approchez-vous donc et écoutez-le attentivement. Laissez la bonne Parole pénétrer votre âme. Il se peut que le moment soit venu pour vous d'entrer dans cette nouvelle vie qui est le commencement du ciel. *La foi vient de ce qu'on entend*, et la lecture est une façon d'entendre (Romains 10:17). Vous pouvez obtenir la foi pendant que vous lisez ce livre. Pourquoi ne pas le faire? Ô, Esprit béni de toute grâce, fais qu'il en soit ainsi.

> *Celui qui boira de l'eau que je lui donnerai n'aura jamais soif, et l'eau que je lui donnerai deviendra en lui une source d'eau qui jaillira jusque dans la vie éternelle.* (Jean 4:14)

Chapitre 1

Dieu justifie l'impie

Le message de l'épitre aux Romains s'adresse à vous. *Et à celui qui ne fait point d'œuvre, mais qui croit en Celui qui justifie l'impie, sa foi lui est imputée à justice* (Romains 4:5). J'attire votre attention sur ces mots, *Celui qui justifie l'impie*. N'êtes-vous pas surpris de découvrir une telle expression dans la Bible – *qui justifie l'impie*?

Ces mots me semblent incroyablement merveilleux, mais j'ai entendu les personnes réfractaires à la doctrine de la croix se plaindre de Dieu parce qu'il sauve les méchants et accueille les personnes les plus viles dans son Royaume. Voyez comment l'Écriture accepte clairement cette accusation. Par la bouche de son serviteur Paul, sous l'inspiration du Saint-Esprit, il porte le titre suivant: *Celui qui justifie l'impie*. Il rend justes les injustes, il pardonne à ceux qui méritent d'être punis, il fait grâce à ceux qui ne le méritent pas.

Pensez-vous que le salut est réservé à ceux qui

sont bons ? Que la grâce de Dieu n'est destinée qu'aux personnes pures et saintes sans péché ? Avez-vous oublié que si vous étiez spirituellement méritant, Dieu vous récompenserait ? Avez-vous pensé que, parce que vous ne l'êtes pas, vous ne pourrez jamais jouir de sa faveur ? Si tel est le cas, vous devez trouver quelque peu surprenant de lire un verset comme celui-ci : *Celui qui justifie l'impie*. Il n'est pas étonnant que vous soyez surpris. Même si je connais bien la grande grâce de Dieu, elle ne cesse de m'étonner. Il semble étonnant de penser qu'un Dieu saint puisse être disposé à justifier un impie, n'est-ce pas ?

Le fait de penser naturellement que le salut est lié aux œuvres nous pousse à toujours mettre en avant notre bonté et notre valeur personnelles. Nous nous accrochons obstinément à l'idée qu'il doit y avoir quelque chose de bon en nous pour que Dieu nous considère. En vérité, c'est une tromperie, et Dieu démasque toutes les tromperies. Il sait qu'il n'y a rien de bon en nous. Il déclare : *il n'y a point de juste, pas même un seul* (Romains 3:10), selon qu'il est écrit : *et toute notre justice est comme un vêtement souillé* (Ésaïe 64:5). Par conséquent, le Seigneur Jésus n'est pas venu dans le monde pour chercher ceux qui sont bons et justes, mais pour accorder ces vertus aux personnes qui en ont besoin. Il n'est pas venu parce que nous sommes justes, mais pour nous rendre justes, car il est Celui *qui justifie l'impie*.

Lorsqu'un avocat se présente au tribunal, si c'est quelqu'un d'honnête, il souhaite plaider la cause d'une personne innocente et la justifier de fausses accusations devant le tribunal. Le but de l'avocat doit être de justifier l'innocent, et il ne doit pas chercher à protéger le coupable. Les hommes n'ont pas vraiment le droit ou le pouvoir de justifier le coupable. C'est un miracle réservé au Seigneur seul.

Dieu, le Souverain infiniment juste, déclare : *non, il n'y a sur la terre point d'homme juste qui fasse le bien et qui ne pèche jamais* (Ecclésiaste 7:20). C'est pourquoi, dans la souveraineté infinie de sa nature divine et la splendeur de son amour ineffable, il entreprend de justifier non pas tant le juste, mais l'impie (Marc 2:17). Dieu a mis au point des méthodes et des ressources pour permettre à l'impie d'être accepté avec justice devant

> Dieu a mis en place un système par lequel il peut traiter les coupables comme s'ils avaient vécu toute leur vie sans commettre d'offense.

Dieu. Dans une justice parfaite, Dieu a mis en place un système par lequel il peut traiter les coupables comme s'ils avaient vécu toute leur vie sans commettre d'offense. Il peut ainsi les traiter comme s'ils étaient totalement exempts de péché. Il *justifie l'impie*.

Jésus-Christ est venu dans le monde pour sauver les pécheurs. C'est une chose extraordinaire, qui doit surtout émerveiller ceux qui en font l'expérience. Aujourd'hui encore, savoir que Dieu me justifie est pour moi le plus grand miracle dont j'aie jamais entendu parler. Sans son amour tout-puissant, j'ai l'impression d'être un tas d'indignité, une accumulation de corruption et un amas de péchés.

Cependant, je suis convaincu d'être justifié par la foi en Jésus-Christ. Par la grâce, je suis traité comme si j'avais vécu dans une parfaite droiture, et je deviens héritier de Dieu et cohéritier de Christ. Pourtant, de par ma naissance, je dois être compté au rang des plus grands pécheurs. Je ne mérite absolument rien, mais je suis traité comme si j'étais méritant. Je suis aimé avec le même amour que si j'avais toujours vécu dans la piété, alors qu'autrefois j'étais impie. Qui ne s'en étonnerait pas ? La gratitude pour une telle bonté est parée d'une robe d'émerveillement. Si, d'une part, cela est très surprenant, remarquez comment cela rend l'Évangile accessible à vous et à moi. Si Dieu *justifie l'impie*, alors, il peut vous justifier. Quand vous vous regardez honnêtement, n'est-ce pas le genre de personne que vous êtes ? Si vous n'avez pas reçu la grâce par la foi, vous n'êtes pas converti : *Car c'est par la grâce que vous êtes sauvés, par le moyen de la foi. Et cela ne vient pas de vous, c'est le don de Dieu* (Éphésiens 2:8). Le mot *impie* vous décrit bien, car vous avez vécu sans Dieu. Vous avez vécu contrairement à la piété.

> **Si vous n'avez pas reçu la grâce par la foi, vous n'êtes pas converti.**

Peut-être connaissez-vous un peu Dieu et faites-vous semblant d'avoir foi en lui, mais vous ne vivez pas pour lui. Vous utilisez son nom en vain, vous trichez en payant les impôts ou vous médisez des autres. Peut-être même pratiquez-vous l'immoralité sexuelle, tout en affirmant que vous aimez Dieu.

Vous avez peut-être même douté de l'existence de Dieu et l'avez exprimé par vos paroles. Vous avez vécu sur cette belle terre, pleine de preuves de la présence de Dieu, et pendant tout ce temps, vous avez fermé les yeux sur la démonstration claire de sa puissance et de sa divinité. Au contraire, vous avez vécu comme si Dieu n'existait pas, et vous auriez été heureux de pouvoir vous le prouver. Il se peut que vous ayez vécu de cette manière pendant de nombreuses années et que cette habitude soit maintenant bien ancrée en vous. Dieu n'est dans aucune de vos voies si vous vivez selon l'étiquette «impie». Cette étiquette cadre parfaitement avec vous, n'est-ce pas ?

Vous pourriez être une personne d'un autre genre. Peut-être avez-vous accompli régulièrement toutes les formes extérieures de la religion, sans que votre cœur y soit impliqué. Même si vous avez rencontré le peuple de Dieu, vous n'avez jamais eu une rencontre personnelle avec Dieu. Vous avez été dans la chorale et avez loué le Seigneur de vos lèvres, mais votre cœur n'y était pas. Vous avez vécu sans amour réel pour Dieu dans votre cœur et sans tenir compte de ses commandements dans votre vie quotidienne. À l'inverse, il est clair que vous avez mené une vie impie.

Si vous reflétez cette description, alors, vous êtes exactement le genre de personne à qui cette Bonne nouvelle est destinée, cet Évangile selon lequel Dieu *justifie l'impie*. Cette Bonne nouvelle n'est pas seulement merveilleuse, elle est aussi fort heureusement disponible pour vous. Si vous êtes une personne sensible, vous verrez la grâce provisionnelle et exceptionnelle de Dieu à l'égard d'une personne comme vous, et vous vous direz : «Justifie-moi, impie que je suis ! Pourquoi ne serais-je pas justifié maintenant ? » De tout mon cœur, je souhaite que vous l'acceptiez !

Le salut de Dieu est réservé à ceux qui ne le méritent pas et qui n'ont aucun moyen de se mettre dans les bonnes dispositions ou d'être assez bons pour l'obtenir. Cela peut sembler étrange, mais c'est une affirmation raisonnable parce que les seuls qui ont besoin d'être justifiés sont ceux qui n'en sont pas qualifiés. En d'autres termes, nous tous. En effet, seuls les justes parfaits n'ont pas besoin d'être justifiés.

Vous avez peut-être l'impression de remplir vos obligations religieuses et, en vivant de cette manière, vous vous dites certainement que le ciel vous est redevable. Si c'est le cas, de quoi avez-vous besoin ? D'un Sauveur ou de la miséricorde ? Quel est votre besoin de justification ? Si vous vivez de cette manière, mon livre vous agace déjà assurément, car il ne vous sera d'aucun intérêt. Si vous laissez l'orgueil vous envahir de cette manière, écoutez-moi encore un peu. Ce en quoi vous vous confiez n'aura aucune valeur dans l'éternité, parce que lorsque votre justice découle de vos efforts, soit vous êtes un trompeur, soit vous êtes victime de tromperie. Vous êtes perdu, aussi vrai que vous êtes sûr d'être vivant, parce que l'Écriture ne peut pas mentir, et elle le dit clairement : *non, il n'y a sur la terre point d'homme juste qui fasse le bien et qui ne pèche jamais* (Ecclésiaste 7:20).

> Je n'ai pas d'Évangile à prêcher aux personnes qui dépendent de leur propre justice.

En tout cas, je n'ai pas d'Évangile à prêcher aux personnes qui dépendent de leur propre justice. Je dis cela parce que Jésus-Christ n'est pas venu appeler les justes, et je ne serai pas plus royaliste que le Roi. Si je vous appelais à accepter le véritable Évangile et que vous pensiez que vous êtes déjà juste, vous ne viendriez pas. Par conséquent, je ne vous appellerai pas pour moins que les qualités morales distinctives de Jésus. Non, toutefois, je vous invite à regarder votre justice jusqu'à ce que vous voyiez à quel point elle est une illusion. Elle n'est même pas aussi réelle qu'une toile d'araignée. Abandonnez-la, fuyez-la !

Les seules personnes qui peuvent se rendre compte de leur besoin de justification sont celles qui savent qu'elles ne peuvent y parvenir par elles-mêmes (Galates 2:16). C'est une chose qui doit être faite pour elles, afin de les rendre justes devant le tribunal de Dieu (Éphésiens 2:8). Le Seigneur ne fait que ce qui est nécessaire, et dans son infinie sagesse, il ne fait jamais ce qui n'en vaut pas la peine. Rendre juste une personne qui l'est déjà n'est pas une œuvre de Dieu, c'est un travail d'imbécile. En revanche, rendre juste une personne injuste, c'est une œuvre d'amour et de miséricorde infinis. *Justifier l'impie* est un miracle digne de Dieu.

Imaginez cela de la manière suivante. Si un médecin découvrait un précieux remède dont l'efficacité est prouvée, à qui l'enverrait-il ? À ceux qui sont en parfaite santé ? Je ne crois pas. S'il l'envoie dans un quartier dépourvu de malades, ce serait tout simplement inutile. *Ce ne sont pas ceux qui se portent bien qui ont besoin de médecin, mais les malades* (Marc 2:17). N'est-il pas tout aussi clair que les grands remèdes de la grâce et de la rédemption sont destinés aux malades de l'âme ? Ces « remèdes » ne peuvent pas être pour les personnes spirituellement saines, car ils ne leur seraient d'aucune utilité.

Si vous vous sentez spirituellement malade, le médecin (Jésus) est venu dans le monde pour vous, *car le Fils de l'homme est venu chercher et sauver ce qui était perdu* (Luc 19:10). Si vous êtes totalement perdu à cause de votre péché, vous êtes la personne même visée par le plan de salut. Lorsqu'il a mis en place le système de la grâce, le Seigneur de l'amour pensait aux personnes comme vous. Supposons qu'un homme généreux décide de pardonner à tous ceux qui lui sont redevables. Il est logique que cela ne s'applique qu'à ceux qui lui sont réellement redevables. Une personne lui doit mille dollars, une autre cinquante. Il suffit à chacun d'entre eux de faire inscrire la mention « payé » sur sa facture pour que la dette soit effacée. Même la personne la plus généreuse ne peut pas remettre les dettes de ceux qui ne lui doivent rien. La toute-puissance n'a même pas qualité à pardonner ce qui n'est pas considéré comme péché, car il ne peut y avoir de pardon sans péché. Le pardon est destiné au coupable. Le pardon est réservé au pécheur. Il est absurde de dire qu'on pardonne à ceux qui n'ont pas besoin de pardon, à ceux qui n'ont jamais commis d'offenses.

Vous pensez que vous êtes condamné à vous perdre parce que vous êtes pécheur ? C'est en fait la raison pour laquelle vous pouvez être sauvé. Parce que vous avouez être pécheur, je vous encourage à croire que la grâce est destinée à vous et à d'autres personnes comme vous. L'un de nos auteurs de cantiques a même osé le dire :

Un pécheur est une chose sacrée ;
Le Saint-Esprit l'a fait ainsi.

Il est vrai que Jésus est venu *chercher et sauver ce qui était perdu* (Luc 19:10). Il est mort et a fait une véritable expiation pour de vrais pécheurs. Si les gens sont sincères lorsqu'ils disent qu'ils sont de « misérables pécheurs », je suis ravi de les rencontrer. Je suis heureux de parler toute la nuit à de véritables pécheurs, car la maison de la miséricorde ne ferme jamais ses portes à de telles personnes. Notre Seigneur Jésus n'est pas mort pour des péchés imaginaires. Le sang de son cœur a été versé pour laver nos profondes taches cramoisies, que rien d'autre ne peut enlever. Le pécheur est le type de personne que Jésus-Christ est venu purifier.

Un jour, un prédicateur a prêché un sermon à partir de Luc 3:9 : *déjà même la cognée est mise à la racine des arbres*. Il l'a dit de telle manière qu'un de ses auditeurs a rétorqué : « On aurait cru que vous prêchiez à des criminels. Votre sermon aurait dû être prononcé dans la prison du comté. »

Le prédicateur a répondu : « Oh non ! Si je prêchais dans la prison du comté, je ne prêcherais pas à partir de ce passage. Je prêcherais à partir de celui-ci : *c'est une parole certaine et entièrement digne d'être reçue, que Jésus-Christ est venu dans le monde pour sauver les pécheurs* (1 Timothée 1:15). » La loi est destinée aux personnes qui dépendent de leur propre justice, pour humilier leur orgueil. L'Évangile est réservé aux perdus, pour les sauver du désespoir.

Si vous n'êtes pas perdu, qu'attendez-vous d'un

Sauveur ? Le berger doit-il poursuivre ceux qui ne se sont jamais égarés ? Pourquoi la femme balaierait-elle sa maison pour chercher des pièces d'argent qui ne sont jamais sorties de son porte-monnaie ? Non, le remède est destiné aux malades. Le retour à la vie est réservé aux morts. Le pardon est fait pour les coupables, et la délivrance pour les captifs. Le recouvrement de la vue convient aux aveugles.

La loi est destinée aux personnes qui dépendent de leur propre justice, pour humilier leur orgueil. L'Évangile est réservé aux perdus, pour dissiper leur désespoir.

Comment parler du Sauveur, de sa mort sur la croix et de l'Évangile du pardon, si ce n'est en partant du principe que les hommes sont coupables et dignes d'être condamnés ? Le pécheur est la raison d'être de l'Évangile.

Mon ami, au fil des pages de ce livre, que vous méritiez ou pas l'enfer, vous êtes le genre de personne à qui l'Évangile est destiné, réservé et proclamé. Dieu *justifie l'impie*.

Je veux être très clair et j'espère l'avoir déjà été. Même si c'est clair, c'est seulement le Seigneur qui peut le faire voir à quelqu'un. Au début, il semble très étonnant que le salut puisse vraiment être destiné à une personne perdue et coupable. Nous pensons qu'il doit être réservé à une personne pénitente, oubliant que la repentance fait partie du salut. Une telle personne pense : « Je dois ranger ma vie et faire ceci et cela. » Tout cela est vrai, car sa vie changera par le fait du salut, mais le salut vient à lui avant que le fruit du salut ne soit visible. Il vient alors qu'il ne mérite que cette description dépouillée, mendiante, basse et abominable, *impie*. Lorsque l'Évangile de Dieu vient le justifier, c'est ce qu'il devient en fait.

C'est pourquoi j'exhorte tous ceux qui lisent ces pages en reconnaissant qu'ils n'ont rien de bon en eux, qui craignent de ne pas nourrir de bons sentiments ou quoi que ce soit qui puisse témoigner favorablement à leur égard auprès de Dieu, à croire fermement que notre Dieu gracieux est capable et désireux de les prendre sans rien pour les recommander, et de les pardonner librement, non pas parce qu'ils sont bons, mais parce qu'il est bon. Ne fait-il pas briller son soleil sur les méchants et sur les bons ? Ne donne-t-il pas des saisons fructueuses et n'envoie-t-il pas la pluie et le soleil en temps voulu sur les nations les plus impies ? Même Sodome a bénéficié de son soleil et Gomorrhe de sa rosée.

L'immense grâce de Dieu dépasse tout ce que vous et moi pouvons concevoir. Autant les cieux sont élevés au-dessus de la terre, autant mes voies sont élevées au-dessus des vôtres et mes pensées au-dessus des vôtres (Ésaïe 55:8-9). Il peut accorder généreusement le pardon. Jésus-Christ est venu dans le monde pour sauver les pécheurs. Le pardon est réservé aux coupables. N'essayez pas de retoucher vos défauts et de vous faire passer pour autre chose que ce que vous êtes réellement. Au contraire, venez à Celui qui *justifie l'impie* tel que vous êtes.

> N'attendez pas de changer de comportement, mais venez immédiatement pour le salut.

Il y a peu de temps, un grand artiste a peint une partie de la ville dans laquelle il vivait. Pour des raisons historiques, il a voulu inclure dans son tableau certains personnages bien connus de la ville. Tout le monde connaissait un balayeur mal entretenu, en haillons et sale, et il y avait une place appropriée pour lui dans le tableau. L'artiste a dit à cet individu râblé et rude : « Je vous paierai bien si vous venez dans mon studio et me laissez peindre votre portrait. » Le balayeur s'est présenté le matin, mais il a aussitôt été renvoyé à ses occupations, car il s'est lavé le visage, peigné et a revêtu un costume respectable. Pour cette œuvre d'art, on a eu besoin de lui tel qu'il était et n'avait pas été invité à un autre titre. De même, l'Évangile vous accueillera en son sein si vous venez en tant que pécheur, pas autrement. N'attendez pas de changer de comportement, mais venez immédiatement pour le salut. Dieu *justifie l'impie* et vous accepte tel que vous êtes. Sa justification vous rencontre dans votre pire condition.

Venez dans votre état délabré. En fait, venez à votre Père céleste dans tous vos péchés et votre état de pécheur. Venez à Jésus tel que vous êtes, lépreux, sale, nu, incapable de vivre ou de mourir. Venez, vous qui êtes le ramassis de la création. Même si vous osez à peine espérer autre chose que la mort, venez à lui. Même si un nuage de désespoir lourd pèse sur vous, comme un horrible cauchemar, venez demander au Seigneur de justifier un autre impie, vous. Pourquoi ne le ferait-il pas ? Cette infinie miséricorde de Dieu est destinée aux personnes comme vous.

Je l'ai exprimé dans le langage de la Bible parce que je ne peux pas l'exprimer avec plus de force. Le Seigneur Dieu lui-même porte ce titre gracieux : *Celui qui justifie l'impie.* Il rend justes ceux qui, par nature, sont impies et les traite comme des justes. N'est-ce pas là une merveilleuse nouvelle ? Ne remettez pas cette question à plus tard avant d'avoir pris le temps d'y réfléchir.

Chapitre 2

C'est Dieu qui justifie

Quelle chose merveilleuse que d'être justifié : pardonné et libéré de la culpabilité. Si nous n'avions jamais enfreint les lois de Dieu, nous n'aurions pas besoin d'être justifiés, car nous serions justes en nous-mêmes. La personne qui a fait ce qu'elle devait faire toute sa vie et qui n'a jamais fait ce qu'elle ne devait pas est justifiée par la loi. Je suis certain que vous n'êtes pas de ce genre. Vous êtes trop honnête pour prétendre être sans péché et vous avez donc besoin d'être justifié. Cependant, si vous essayez de vous justifier, vous ne ferez que vous tromper vous-même. N'essayez donc pas. Cela n'en vaut jamais la peine.

Si vous demandez à d'autres personnes de vous justifier, que peuvent-elles faire ? Vous pouvez faire en sorte que certains disent du bien de vous pour de petites faveurs, et que d'autres disent du mal de vous pour moins que ça. Leur jugement ne vaut pas grand-chose.

Notre texte dit : *c'est Dieu qui justifie*, ce qui est beaucoup plus pertinent. C'est un fait étonnant à considérer avec attention. Tout d'abord, il ne viendrait à l'idée de personne d'autre que Dieu de justifier les coupables. Ils ont vécu dans la rébellion ouverte et ont commis de grandes infamies. Ils sont allés de mal en pis et sont retournés au péché même après avoir souffert à cause de cela et avoir été forcés de l'abandonner pendant un certain temps. Ils ont enfreint la loi et foulé aux pieds l'Évangile. Ils ont refusé les déclarations de miséricorde et ont persisté dans l'impiété. Comment peuvent-ils être pardonnés et justifiés ?

Les personnes qui les entourent observent cette scène et disent sombrement : « Ce sont des cas désespérés. » Même les chrétiens les regardent avec tristesse plutôt qu'avec espoir, mais ce n'est pas ainsi que leur Dieu les voit. Il a choisi certains d'entre eux avant la fondation du monde et, dans la splendeur de sa grâce élective, il n'aura de cesse de les justifier et de les faire accepter dans le Bien-aimé. N'est-il pas écrit : *Et ceux qu'il a prédestinés, il les a aussi appelés ; et ceux qu'il a appelés, il les a aussi justifiés ; et ceux qu'il a justifiés, il les a aussi glorifiés* (Romains 8:30) ? Quand on regarde les choses sous ce prisme, on voit qu'il y a des gens que le Seigneur accepte de justifier. Pourquoi ne serions-nous pas de ceux-là ?

Personne d'autre que Dieu n'aurait jamais pensé à me justifier. Je suis une merveille pour moi-même et je ne doute pas que d'autres considèrent la grâce chez les autres de la même manière. Prenons l'exemple de Saul de Tarse[1], né de parents juifs qui détenaient la citoyenneté

---

1   Actes 9

romaine. Il a étudié la loi juive sous la direction du célèbre rabbin Gamaliel et a ensuite combattu les serviteurs de Dieu pour détruire l'Église primitive. Il s'est introduit dans les maisons des croyants et les a jetés en prison. Comme un loup affamé, il terrorisait les agneaux et les brebis en permanence, mais Dieu l'a frappé sur le chemin de Damas, alors qu'il était en route pour arrêter des croyants. Sur ce chemin, Dieu a changé son cœur et l'a justifié de manière si irréversible qu'il est très vite devenu le plus grand prédicateur de la justification par la foi qui ait jamais existé.

Saul de Tarse a changé son nom hébreu Saul en son nom païen Paul et a été envoyé par Dieu vers les Païens pour leur annoncer la Bonne nouvelle. Il a dû souvent s'étonner d'avoir été justifié par la foi en Jésus-Christ, car il était autrefois un fervent défenseur du salut par les œuvres de la loi. Personne d'autre que Dieu n'aurait jamais pensé à justifier un homme tel que Saul le persécuteur, mais le Seigneur Dieu est plein de grâce.

> Tout péché est dirigé contre Dieu, et si nous avons péché contre lui, il a le pouvoir de pardonner parce que le péché est dirigé contre lui.

Même si quelqu'un pensait à justifier l'impie, personne d'autre que Dieu ne pourrait le faire, car il est impossible à une personne de pardonner des offenses qui n'ont pas été commises contre elle. Oui, vous pouvez pardonner à une personne qui vous a blessé d'une manière ou d'une autre, et j'espère que vous le ferez, mais aucune tierce personne ne peut pardonner à l'offenseur en dehors de vous. Si le mal vous a été fait, le pardon doit venir de vous. Cependant, tout péché est dirigé Dieu, et si nous avons péché contre lui, il a le pouvoir de pardonner parce que le péché est dirigé contre lui. C'est pourquoi, dans le Psaume 51:6, David déclare : *J'ai péché contre toi seul, et j'ai fait ce qui est mal à tes yeux*, car Dieu peut pardonner l'offense parce qu'il est celui contre qui l'offense est commise.

S'il lui plait, notre grand Créateur peut remettre la dette que nous avons envers lui, et s'il la remet, elle est annulée. Personne d'autre que le grand Dieu contre qui nous avons péché ne peut effacer ce péché. Veillons donc à nous adresser à Dieu et à chercher miséricorde auprès de lui et à ne pas nous laisser égarer par ceux qui voudraient que nous nous confessions à eux au lieu de nous confesser à Dieu. Ils n'ont aucune autorité dans la Parole de Dieu pour justifier leurs affirmations. Même s'ils étaient désignés pour déclarer le pardon au nom de Dieu, il vaut mieux s'adresser directement au grand Seigneur par l'intermédiaire de Jésus-Christ, le Médiateur, pour chercher et trouver le pardon auprès de lui. Il vaut mieux s'occuper soi-même des affaires de son âme, plutôt que de les laisser entre les mains d'un homme.

Seul Dieu peut justifier l'impie, et il peut le faire à la perfection. Il rejette nos péchés derrière lui. Il les efface, et il dit que même si on les cherche, on ne

> Veillons donc à nous adresser à Dieu et à chercher miséricorde auprès de lui et à ne pas nous laisser égarer par ceux qui voudraient que nous nous confessions à eux au lieu de nous confesser à Dieu.

les trouvera pas (Ésaïe 43:25). Sans autre raison que son infinie bonté, il a préparé une voie glorieuse par laquelle les péchés écarlates deviennent blancs comme la neige (Ésaïe 1:18), et il éloigne nos transgressions de nous aussi loin que l'orient est éloigné de l'occident (Psaume 103:12). Il dit : *je ne me souviendrai plus de leurs péchés* (Hébreux 8:12). Il fait tout ce qu'il faut pour en découdre avec le péché. L'un des vieux prophètes s'est exclamé avec étonnement : *Quel Dieu est semblable à toi, qui pardonnes l'iniquité, qui oublies les péchés du reste de ton héritage ? Il ne garde pas sa colère à toujours, car il prend plaisir à la miséricorde* (Michée 7:18).

Nous ne parlons pas ici de justice, ni du fait que Dieu traite les hommes en fonction de leurs récompenses. Si vous acceptez de traiter avec le Seigneur juste selon les termes de la loi, vous êtes sous le coup d'une colère éternelle, car selon la loi, c'est ce que vous méritez. *Il ne nous traite pas selon nos péchés, il ne nous punit pas selon nos iniquités* (Psaume 103:10), mais à présent, il nous traite sous la dispensation de la grâce gratuite et de la compassion infinie. *Je réparerai leur infidélité, j'aurai pour eux un amour sincère ; car ma colère s'est détournée d'eux* (Osée 14:4).

Croyez-le. Il est certain et vrai que le grand Dieu est capable d'accorder aux coupables une abondante miséricorde. Il est capable de traiter les impies comme s'ils avaient toujours vécu dans la piété. Lisez attentivement la parabole du fils prodigue (Luc 15:11-32), et vous verrez comment le père qui pardonne a reçu le vagabond de retour avec autant d'amour que s'il n'était jamais parti et ne s'était jamais contaminé avec des prostituées. La miséricorde qu'il a manifestée est allée si loin que le frère ainé a commencé à s'en plaindre, mais le père n'a pas cessé de manifester son amour.

Mon cher lecteur, quelle que soit votre culpabilité, si vous venez à Dieu notre Père par la foi en Jésus-Christ, il vous traitera comme si vous n'aviez jamais fait de mal. Voyez-vous la merveille que représente le fait que Dieu puisse penser à justifier l'impie ? Qu'en dites-vous ?

Encore une fois, je tiens à ce que ce soit très clair. Personne d'autre que Dieu ne peut le faire, et il le fait toujours. Regardez comment l'apôtre Paul pose la question : *Qui accusera les élus de Dieu ? C'est Dieu qui justifie* (Romains 8:33). Si Dieu a justifié une personne, il l'a fait de façon complète, correcte, impartiale et éternelle.

J'ai lu dans un magazine une déclaration contre l'Évangile et ses prédicateurs. Cet article disait que les chrétiens avaient une sorte de théorie selon laquelle le péché peut être éliminé de la vie des personnes. Soyons clairs. Nous n'avons pas de théorie, nous déclarons un fait. Le plus grand fait sous les cieux est le suivant : Christ, par son Précieux Sang, élimine réellement le péché, et Dieu, grâce à Christ, traite les gens avec une miséricorde divine. Il pardonne aux coupables et les justifie, non pas en fonction de ce qu'il voit en eux ou prévoit qu'il y aura en eux, mais selon les richesses de sa miséricorde qui reposent dans son cœur (Éphésiens 2:7). C'est ce que nous avons prêché, prêchons et prêcherons aussi longtemps que nous vivrons. *C'est Dieu qui justifie* (Romains 8:33), qui *justifie l'impie*. Il n'a pas honte de le faire, et nous n'avons pas honte de le prêcher.

La justification qui vient de Dieu est incontestable. Si

le juge m'innocente, qui peut me condamner ? Si le plus haut tribunal de l'univers m'a déclaré juste, qui m'accusera de quoi que ce soit ? *Qui les condamnera ? Christ est mort ; bien plus, il est ressuscité, il est à la droite de Dieu, et il intercède pour nous* (Romains 8:34). La justification de Dieu est une réponse suffisante à une conscience éveillée. Le Saint-Esprit souffle la paix sur toute notre nature, et nous n'avons plus peur. Avec cette justification, nous pouvons répondre à tous les cris et insultes de Satan et des impies. Grâce à elle, nous pourrons mourir et ressusciter avec audace, et faire face au dernier grand jugement : non coupable.

> **Vous ne pourriez pas pardonner à vos semblables s'ils vous offensaient comme vous avez offensé Dieu, mais ne mesurez pas Dieu à vous-même.**

Je me tiendrai hardiment debout en ce grand jour :

> *Car qui pourrait m'accuser ?*
> *Alors que mon Seigneur m'a libéré.*
> *De l'énorme malédiction et du blâme du péché.*
> -Zinzendorf[2]

Le Seigneur peut effacer tous vos péchés. Je ne me fais pas d'illusions en disant cela, car la Parole de Dieu affirme : *Tout péché et tout blasphème sera pardonné aux hommes* (Matthieu 12:31). Même si le péché vous étrangle déjà, d'un seul mot il peut ôter la pollution du péché, et dire : *Je le veux, sois pur* (Matthieu 8:3). Le Seigneur est un grand dispensateur de pardon.

---

2   Charles B. Snepp, éd., *Songs of Grace and Glory for Private, Family, and Public Worship* (London: W. Hunt & Co., 1872).

« Je crois au pardon des péchés[3]. » Et vous ?

Il peut même déclarer en ce moment : *Ta foi t'a sauvée, va en paix* (Luc 7:50) ; et s'il le fait, aucune puissance dans le ciel ou sur la terre, ou sous la terre, ne peut vous faire en douter, et encore moins sous la colère. Ne doutez pas du pouvoir de l'amour tout-puissant. Vous ne pourriez pas pardonner à vos semblables s'ils vous offensaient comme vous avez offensé Dieu, mais ne mesurez pas Dieu à vous-même. Ses pensées et ses voies sont bien au-dessus des vôtres, comme les cieux sont élevés au-dessus de la terre (Ésaïe 55:8-9).

Vous pourriez dire : « Ce serait un grand miracle si le Seigneur me pardonnait. » Vous avez raison. Ce serait un miracle absolu, et il est donc probable qu'il le fasse, car il fait *de grandes choses, des choses cachées, que tu ne connais pas* (Jérémie 33:3).

Dans mon cas, j'étais coincé dans un sentiment de culpabilité si horrible qu'il me rendait la vie misérable. Toutefois, lorsque j'ai entendu le commandement : *Tournez-vous vers moi, et vous serez sauvés, vous tous qui êtes aux extrémités de la terre ! Car je suis Dieu, et il n'y en a point d'autre* (Ésaïe 45:22), j'ai regardé vers lui et, en un instant, le Seigneur m'a justifié. En regardant vers lui, j'ai vu Jésus-Christ devenir péché pour moi et cette vision m'a donné du repos (Matthieu 11:28).

Lorsque ceux qui avaient été mordus par les serpents de feu dans le désert ont regardé le serpent d'airain, ils ont été guéris immédiatement (Nombres 21:9). Il en a été de même lorsque j'ai regardé le Sauveur crucifié. Le Saint-Esprit, qui m'a permis de croire, m'a donné la paix

---

3   Le Credo des apôtres.

à travers ma foi. Avant cela, je me sentais condamné, mais une fois que j'ai cru, j'ai su sans aucun doute que j'étais pardonné, parce que la Parole de Dieu l'a déclaré.

J'avais senti que ma condamnation était certaine, et ma conscience l'a attesté. Lorsque le Seigneur m'a justifié, j'en étais tout aussi sûr par le même canal. La Parole du Seigneur dans l'Écriture déclare : *Celui qui croit en lui n'est point jugé* (Jean 3:18), et ma conscience atteste que j'ai cru et que Dieu, en me pardonnant, est juste. J'ai donc le témoignage du Saint-Esprit et de ma conscience, et les deux sont d'accord (Romains 9:1). Oh, comme j'aimerais que vous receviez la déclaration de Dieu à ce sujet, et que vous ayez immédiatement ce témoignage en vous aussi.

> Le Saint-Esprit, qui m'a permis de croire, m'a donné la paix à travers ma foi.

J'ose dire qu'un pécheur justifié par Dieu a plus d'assurance qu'un juste justifié par ses œuvres, si tant est qu'une telle personne puisse exister. En effet, nous ne pouvons jamais être sûrs d'avoir accompli suffisamment d'œuvres, et notre conscience sera toujours inconfortable en se demandant si nous n'avons pas trop dérapé. Nous ne pouvons nous fier qu'au verdict chancelant du jugement humain, mais lorsque Dieu justifie et que le Saint-Esprit l'atteste, cela nous procure la paix avec Dieu. C'est pourquoi nous pouvons sentir que l'affaire est sûre et réglée, et nous *entrons dans le repos* (Hébreux 4:3). Aucune langue ne peut expliquer la profondeur de ce calme qui s'empare de l'âme qui reçoit la paix de Dieu qui surpasse toute intelligence (Philippiens 4:7).

Chapitre 3

Le juste et Celui qui justifie

Nous avons vu l'impie justifié et nous avons examiné la grande vérité selon laquelle seul Dieu peut justifier une personne. Nous allons maintenant faire un pas de plus et nous demander comment un Dieu juste peut justifier des personnes coupables. Nous pouvons trouver la réponse dans les paroles de Paul en Romains 3:21b-26 : *Mais maintenant, sans la loi est manifestée la justice de Dieu, à laquelle rendent témoignage la loi et les prophètes, justice de Dieu par la foi en Jésus-Christ pour tous ceux qui croient. Il n'y a point de distinction. Car tous ont péché et sont privés de la gloire de Dieu ; et ils sont gratuitement justifiés par sa grâce, par le moyen de la rédemption qui est en Jésus-Christ. C'est lui que Dieu a destiné, par son sang, à être, pour ceux qui croiraient, victime propitiatoire, afin de montrer sa justice, parce qu'il avait laissé impunis les péchés commis auparavant, au temps de sa patience, afin, dis-je, de montrer sa justice dans le temps présent, de manière à être juste tout en justifiant celui qui a la foi en Jésus.*

Si vous me le permettez, j'aimerais partager avec vous un bout de mon expérience personnelle. Alors que j'étais sous l'emprise du Saint-Esprit, j'ai été convaincu au sujet du péché. J'ai eu une compréhension claire et nette concernant la justice de Dieu. Le péché, quel qu'il soit pour d'autres personnes, est devenu un fardeau intolérable pour moi. Ce n'était pas tant que je craignais l'enfer, mais que je craignais le péché. Je me savais horriblement coupable et j'estimais que si Dieu ne me punissait pas pour le péché, il devait condamner un péché comme le mien.

Je me suis assis sur le tribunal et je me suis condamné à mort. J'ai admis que si j'étais Dieu, je ne pourrais rien faire d'autre que d'envoyer un être aussi coupable que moi au plus profond de l'enfer. Pendant que je vivais cela, j'avais aussi à l'esprit une profonde préoccupation pour l'honneur du nom de Dieu et l'intégrité de sa direction morale. Il n'était pas normal pour ma conscience que l'on puisse me pardonner injustement. Le péché que j'avais commis devait être puni. Je me suis demandé comment Dieu pouvait être juste tout en me justifiant, moi le coupable. Dans mon cœur, j'ai demandé : « Comment peut-il être juste et en même temps Celui qui justifie ? » Cette question m'inquiétait et me fatiguait, et je ne voyais pas de réponse.

> **J'ai admis que si j'étais Dieu, je ne pourrais rien faire d'autre que d'envoyer un être aussi coupable que moi au plus profond de l'enfer.**

Certes, je n'aurais jamais pu inventer une réponse qui aurait pu satisfaire ma conscience.

À mon sens, la doctrine de l'expiation est l'une des preuves les plus sûres de l'inspiration divine des Saintes Écritures. Pour mes lecteurs qui ne savent pas ce qu'est la doctrine de l'expiation, cela signifie que Jésus-Christ est mort sur la croix pour nos péchés (1 Corinthiens 15:3). Il a ainsi accompli le système sacrificiel de l'Ancienne Alliance, a rétabli notre relation avec Dieu et a changé notre vie pour toujours. Qui aurait pu penser que le Souverain juste mourrait pour le rebelle injuste ? Il ne s'agit pas d'un enseignement de la mythologie humaine ou d'une fantaisie de l'imagination poétique. Cet acte d'expiation d'un crime – de satisfaction d'une offense par laquelle la culpabilité est effacée et l'obligation de la personne offensée d'être punie pour le crime est annulée, n'est connu que parce qu'il s'agit d'un fait. La fiction n'aurait jamais pu le concevoir, car c'est Dieu lui-même qui l'a ordonné.

J'avais entendu parler du plan de salut par le sacrifice de Jésus depuis mon enfance, mais au plus profond de mon âme, je n'en savais pas plus que si j'étais né et avais été élevé comme un sauvage incroyant. La lumière de la vérité se trouvait dans les Écritures, mais j'étais aveugle. Je voulais que le Seigneur m'éclaire à ce sujet. Lorsqu'il l'a fait, cela a été pour comme une nouvelle révélation, aussi fraiche que si je n'avais jamais lu que Jésus avait été déclaré propitiation ou expiation pour les péchés, afin que Dieu puisse être juste.

Chaque nouveau-né de Dieu reçoit une telle révélation, cette glorieuse doctrine de la substitution du Seigneur

Jésus. J'ai compris que le salut était possible grâce à un sacrifice substitutif et que cette substitution avait été prévue dans le Fils de Dieu : qui est co-égal et co-éternel du Père. Il avait été désigné dès le début comme le Chef promis d'un peuple élu, afin de pouvoir souffrir pour lui et le sauver. Étant donné que notre chute des voies de Dieu n'était pas personnelle au départ, puisque le péché a commencé avec notre représentant ancestral, le premier Adam, nous comprenons que par un deuxième représentant, Jésus, il est devenu possible pour nous d'être rétablis – sauvés du péché – parce qu'il a accepté d'être le Chef de l'alliance de son peuple, d'être son deuxième Adam. *C'est pourquoi il est écrit : le premier homme, Adam, devint une âme vivante. Le dernier Adam est devenu un esprit vivifiant* (1 Corinthiens 15:45).

J'ai vu qu'avant de pécher, j'avais une nature déchue et spirituellement morte à cause du péché de mon premier père, et je me suis réjoui qu'il me soit possible – sur la base des faits et des preuves de l'Écriture – de revenir à la vie par l'intermédiaire d'un second chef et représentant. La chute d'Adam a laissé une échappatoire. Un autre Adam – *le dernier Adam* – peut réparer la ruine causée par le premier. Alors que j'étais angoissé par la possibilité qu'un Dieu juste me pardonne mon péché, j'ai compris et vu par la foi que ce dernier Adam est Jésus, le Fils de Dieu qui s'est fait homme. Dans son corps béni, il a porté mon péché sur la croix. Il a porté le châtiment que je méritais, car *le salaire du péché c'est la mort* (Romains 6:23). J'ai été guéri par son affliction parce que *le don gratuit de Dieu, c'est la vie éternelle en Jésus-Christ notre Seigneur* (Romains 6:23).

C'est ce que Dieu m'a montré. Avez-vous déjà vu cela ? Avez-vous déjà compris comment Dieu peut être complètement juste, ne pas annuler ou diminuer la peine, mais se montrer infiniment miséricordieux et toujours capable de *justifier l'impie* qui se tourne vers lui ? C'est possible parce que le Fils de Dieu, suprême et glorieux dans sa personne incomparable, m'a justifié en accomplissant la loi en portant la peine qui m'était due. Dieu peut donc passer outre à mon péché. La loi de Dieu a été davantage respectée par la mort de Christ que si tous les pécheurs étaient envoyés en enfer. Le fait que le Fils de Dieu ait souffert pour le péché a établi l'autorité de Dieu de manière plus glorieuse que si toute la race humaine avait souffert.

Jésus a enduré la peine de mort à votre place. Voyez-vous le miracle que cela représente ? Voyez Celui qui est pendu à la croix ! Si vous pouvez le voir, vous assistez au spectacle le plus important que vous aurez jamais vu. Le Fils de Dieu et le Fils de l'homme sont suspendus en une seule personne, supportant une douleur ineffable – *lui juste pour des injustes* – afin de nous amener à Dieu (1 Pierre 3:18).

Oh, la gloire de ce spectacle ! L'Innocent puni. Le Saint condamné. L'éternel Bienheureux transformé en malédiction. L'infiniment Glorieux mis à mort de manière honteuse à ma place, à votre place. Plus je regarde les

> Jésus a enduré la peine de mort à votre place.

souffrances du Fils de Dieu, plus je suis certain qu'elles correspondent à mon cas. Pourquoi a-t-il souffert, si ce n'est pour détourner de nous la peine du péché ? S'il l'a écartée par sa mort, c'est qu'elle n'a plus lieu d'être. Ceux qui croient en lui n'ont plus à la craindre, car depuis l'expiation, Dieu peut pardonner sans ébranler le fondement de son trône ni ternir le moins du monde la loi. La grande question posée par notre conscience est satisfaite.

La colère de Dieu contre le péché est plus terrible que nous ne pouvons l'imaginer, quel que soit notre péché. Moïse l'a très bien dit : *Qui prend garde à la force de ta colère* (Psaume 90:11). Pourtant, lorsque nous entendons le Seigneur de gloire crier *pourquoi m'as-tu abandonné ?* (Matthieu 27:46) et en le voyant rendre l'esprit, nous sentons la justice de Dieu abondamment justifiée par l'obéissance d'une mort si parfaite et si terrible donnée par une personne si divine. Si Dieu lui-même s'incline devant sa loi, que peut-on faire de plus ? Il y a plus dans l'expiation en tant que méthode de mérite que dans tous les péchés humains pour mériter le blâme ou la punition.

> Si vous croyez en Jésus (c'est l'essentiel), alors il a porté vos péchés en tant que bouc émissaire pour son peuple.

Le grand gouffre de l'amour et du sacrifice de Jésus peut engloutir les montagnes de nos péchés – tous les péchés. Au nom du bien infini de cette figure représentative, le Seigneur peut bien regarder avec faveur d'autres personnes, aussi indignes soient-elles. C'est le miracle par excellence que le Seigneur Jésus-Christ se tienne à notre place et qu'il «ait supporté, pour que nous ne puissions jamais supporter, la juste colère du Tout-Puissant »[4].

---

4   John Nelson Darby, éd., *Hymns for the Little Flock* (Oak Park, IL: Bible Truth Publishers, 1881), Section 3.

Mais il l'a fait. *Tout est accompli* (Jean 19:30). Dieu épargnera le pécheur parce qu'il n'a pas épargné son Fils. Dieu peut ignorer vos péchés parce qu'il les a fait retomber sur son Fils unique il y a près de deux mille ans. Si vous croyez en Jésus (c'est l'essentiel), alors il a porté vos péchés en tant que bouc émissaire pour son peuple.

Que signifie croire en lui ? C'est bien plus que de dire : « Il est Dieu et Sauveur. » Cela signifie que nous devons lui faire entièrement confiance. Vous devez l'accepter pour obtenir le salut dès maintenant et pour toujours comme votre Seigneur, votre Maitre, votre tout. Si vous acceptez Jésus, il vous a déjà accepté. Si vous croyez en lui, vous ne pouvez pas aller en enfer, car cela rendrait le sacrifice de Christ vain. Il n'est pas possible qu'un sacrifice soit accepté et que l'âme pour laquelle ce sacrifice a été reçu meure quand même.

Si l'âme du croyant peut encore être condamnée, alors quelle est la raison d'être d'un sacrifice ? Si Jésus est mort à ma place, pourquoi devrais-je également mourir ? Chaque croyant peut affirmer que le sacrifice a été fait pour lui. Il l'a saisi par la foi et s'en est approprié. Il peut donc être certain qu'il ne périra jamais. Le Seigneur ne recevrait pas cette offrande en notre nom pour ensuite nous condamner à mourir. Le Seigneur ne peut pas lire notre pardon écrit dans le sang de son Fils et nous abattre ensuite. Ce serait impossible. Je prie pour que vous acceptiez immédiatement la grâce qui vous est offerte et que vous vous tourniez vers Jésus pour commencer par le commencement – vers la source de la miséricorde pour l'homme coupable : Jésus.

Il *justifie l'impie*. *C'est Dieu qui les justifie*, et pour cette raison même, elle ne peut être accomplie que par le sacrifice expiatoire de son Fils divin. Par conséquent, cela peut être fait avec justice – avec une telle justice que personne ne la remettra jamais en question. Elle est si bien faite qu'au dernier jour, lorsque le ciel et la terre disparaitront, personne ne niera la validité de la justification. *Qui les condamnera ? Christ est mort ; bien plus, il est ressuscité, il est à la droite de Dieu, et il intercède pour nous* (Romains 8:34).

Voulez-vous monter dans ce canot de sauvetage, tel que vous êtes ? Il vous met à l'abri du naufrage. Acceptez la délivrance incontestable. Vous raisonnez en disant : « Je n'ai rien avec moi », mais on ne vous demande pas d'apporter quoi que ce soit. Les gens qui s'enfuient pour sauver leur vie laissent même leurs vêtements derrière eux. Sautez pour recevoir le salut tel que vous êtes.

Je vous partage mon témoignage pour vous encourager. Mon seul espoir d'aller au ciel réside dans l'expiation complète faite sur la croix du Calvaire pour les impies. J'y crois fermement. Je n'ai pas l'ombre d'un espoir ailleurs. Vous êtes dans la même situation. Aucun de nous n'a quoi que ce soit qui soit un tant soit peu digne de confiance. Joignons nos mains et tenons-nous ensemble au pied de la croix, et confions immédiatement et entièrement nos âmes à celui qui a versé son sang pour les coupables. Nous serons sauvés par un seul et même Sauveur. Que puis-je faire de plus pour prouver ma foi dans l'Évangile que je vous présente ?

Chapitre 4

Au sujet de la délivrance du péché

À ce stade, je voudrais m'adresser clairement à ceux qui comprennent la méthode divine de justification par la foi en Jésus-Christ, mais qui luttent encore contre le péché dans leur vie. Nous ne pourrons jamais être heureux, tranquilles ou spirituellement d'embonpoint tant que nous ne serons pas saints. Pour être saints, nous devons nous débarrasser du péché, mais comment pouvons-nous accomplir cette tâche impossible ?

C'est la question de vie ou de mort que se posent de nombreuses personnes. La vieille nature est très forte, et vous avez peut-être essayé de la freiner et de l'apprivoiser, mais vous vous êtes rendu compte qu'elle ne voulait pas être maitrisée. Vous êtes impatient de faire mieux, mais vous finissez par faire pire. Le cœur est si dur, la volonté si obstinée, les passions si furieuses, les pensées si volatiles, l'imagination si incontrôlée et les désirs si sauvages que vous avez l'impression d'avoir en vous un repaire de bêtes sauvages qui vous dévoreront plutôt que d'être gouvernées par le Seigneur.

Nous pouvons dire de notre nature déchue ce que le Seigneur a dit à Job à propos du grand monstre marin, le léviathan : *Joueras-tu avec lui comme avec un oiseau ? L'attacheras-tu pour amuser tes jeunes filles* (Job 41:5). Un homme pourrait tout aussi bien espérer retenir le vent du nord dans sa main que contrôler les puissances rebelles qui résident dans sa nature corrompue par sa force. C'est une entreprise plus grande que quoi que ce soit accomplie par la force du fabuleux Hercule. Pour cela, on a besoin de Dieu.

On pourrait dire : « Je crois en la capacité de Jésus à pardonner les péchés, mais j'ai du mal à ne pas récidiver. En moi, je sens de terribles penchants au mal. Aussi vrai qu'une pierre lancée en l'air retombe rapidement sur le sol, il en va de même pour moi avec le péché. Pourtant, si je suis élevé jusqu'au ciel par de saines prédications, je retombe aussitôt dans ma dureté de cœur. Malheureusement, le péché m'enveloppe si facilement. C'est comme si j'étais sous un charme où je ne peux échapper à ma folie. »

> Nous voulons à la fois être purifiés et pardonnés.

Si c'est votre combat, prenez courage. Le salut serait tristement incomplet s'il ne s'occupait pas de cette partie de notre condition ruinée. Nous voulons à la fois être purifiés et pardonnés. La justification (être rendu juste) sans la sanctification (devenir saint) ne serait pas vraiment le salut. C'est comme si on appelait un lépreux pur et qu'on le laissait mourir de sa maladie. C'est comme pardonner le crime et laisser l'auteur du crime rester un ennemi de son roi. Non seulement les conséquences seraient supprimées, mais aussi la cause serait ignorée, ce qui laisserait derrière nous une tâche indélébile et sans issue. Cela pourrait mettre fin à l'afflux de péchés pendant un certain temps, mais laisser un puits de pollution ouvert, qui finirait tôt ou tard par déborder avec encore plus d'intensité.

Souvenons-nous, le Seigneur Jésus est venu abolir le péché en trois sortes. Il est venu éliminer le châtiment, la puissance et la présence du péché. La deuxième étape peut être atteinte immédiatement. La puissance du mal peut être anéantie immédiatement, et vous vous approcherez alors de la troisième étape : l'élimination de sa présence. Nous savons que Jésus a *paru pour ôter les péchés* (1 Jean 3:5).

L'ange a dit de notre Seigneur : *tu lui donneras le nom de Jésus; c'est lui qui sauvera son peuple de ses péchés* (Matthieu 1:21). Notre Seigneur Jésus est venu détruire en nous les œuvres du diable. Ce même événement annoncé à propos de sa naissance a également été déclaré lors de sa mort. Lorsque le soldat a transpercé ses côtés, un flux de sang et d'eau a jailli, symbolisant les deux aspects de la rédemption qui nous libèrent du péché et de la souillure.

Toutefois, si vous êtes préoccupé par la puissance du péché dans votre vie et les penchants de votre nature, comme vous le serez sans doute, voici une promesse pour vous. Croyez à cette promesse, car elle est fondée sur une alliance de grâce qui est infaillible. Dieu, qui ne peut mentir, a déclaré : *Je vous donnerai un cœur nouveau, et je mettrai en vous un esprit nouveau ; j'ôterai de votre corps le cœur de pierre, et je vous donnerai un cœur de chair* (Ézéchiel 36:26).

Vous voyez, tout n'est que *je donnerai*, et *je mettrai*. *Je donnerai* et *j'ôterai*. Telle est le style royal du Roi des rois, qui est capable d'accomplir sa volonté. Aucune parole sortie de sa bouche ne reste sans effet (1 Samuel 3:19).

Le Seigneur sait très bien qu'il est impossible de changer son cœur et de purifier sa nature, mais il sait aussi qu'il en est capable. Il peut changer la peau de l'Éthiopien et les taches du léopard. Entendez cela, vous serez émerveillé : il peut vous créer une seconde fois. Il peut vous faire renaitre. Ceci est un miracle de grâce, que le Saint-Esprit accomplira. Il s'agirait d'un événement miraculeux si l'on pouvait placer quelqu'un au pied des chutes du Niagara et lui faire proférer un mot qui ferait alors débuter le cours de la rivière Niagara en sens inverse et provoquerait ce torrent d'eau qui se jetterait dans le vide depuis cette grande falaise d'où il se déverse actuellement avec une force stupéfiante. Il n'y a que la puissance de Dieu qui puisse accomplir un tel prodige.

L'exemple des chutes du Niagara est donc le parallèle parfait de ce qui se produit lorsque la nature humaine est totalement inversée. Tout est possible avec Dieu. Il peut inverser le sens de vos désirs et le cours de votre vie. Au lieu de vous écarter de Dieu, il peut faire en sorte que votre être tout entier se tourne vers lui. En fait, c'est précisément ce que le Seigneur a promis de faire pour tous ceux qui sont dans cette alliance. Comme nous le savons grâce à la Bible, tous les croyants sont dans cette alliance. Permettez-moi de vous rappeler ces paroles : *Je leur donnerai un même cœur, et je mettrai en vous un esprit nouveau ; j'ôterai de leur corps le cœur de pierre, et je leur donnerai un cœur de chair* (Ézéchiel 11:19).

Quelle merveilleuse promesse ! Jésus-Christ est d'accord avec cela, et nous pouvons dire « amen » à la gloire de Dieu. Accueillons-la, acceptons-la comme vraie et adoptons-la pour nous-mêmes. Alors, cela se réalisera en nous, et dans les jours et les années à venir, nous pourrons chanter du changement merveilleux que Dieu, le Tout-Puissant a opéré en nous.

Pensez à cela. Quand le Seigneur ôte le cœur de pierre, l'œuvre est accomplie. Une fois que cette œuvre est accomplie, aucun pouvoir connu ne pourra jamais plus ôter le cœur nouveau qu'il donne et le bon esprit qu'il met en nous. *Car Dieu ne se repent pas de ses dons et de son appel* (Romains 11:29). Cette expression, *ne se repent pas*, fait référence à lui. Il ne changera pas d'avis. Il n'enlève pas ce qu'il a déjà donné. Laissez-le vous renouveler et vous serez renouvelé. Les résolutions pour changer et les efforts pour purifier la vie des gens prennent rapidement fin, parce que, *comme un chien qui retourne à ce qu'il a vomi, ainsi est un insensé qui revient à sa folie* (Proverbes 26:11). Lorsque Dieu met un nouveau cœur en nous, il s'agit d'un cœur nouveau dans sa totalité.

> Laissez-le vous renouveler, et vous serez renouvelé.

Pour faire simple, avez-vous déjà entendu parler de l'illustration de M. Rowland Hill concernant le chat et le cochon ? J'en propose une version personnelle pour illustrer la parole significative de notre Sauveur : *si un homme ne nait de nouveau, il ne peut voir le royaume de Dieu* (Jean 3:3).

Vous voyez ce chat ? Quelle créature propre ! Quelle idée géniale de se laver avec sa langue et ses pattes ! C'est un spectacle très agréable. Avez-vous déjà vu un cochon faire cela ? Non, jamais. C'est contraire à sa nature. Il préfère se vautrer dans la boue. Essayez d'apprendre à un cochon à se laver et vous verrez combien vous aurez de mal. Il serait très bénéfique pour l'hygiène que les porcs soient propres, mais leur apprendre à se laver et à prendre soin d'eux comme le font les chats serait une tâche inutile. Vous pouvez forcer la bête à se laver, mais elle se précipitera aussitôt dans la boue et redeviendra aussi sale qu'auparavant. La seule façon de faire en sorte qu'un cochon se lave, c'est de la transformer en chat. Elle se laverait alors et serait propre, mais pas avant. Une fois cette transformation accomplie, ce qui était difficile ou impossible devient facile. À partir de ce moment-là, le porc sera apte à vivre dans votre maison et à se prélasser sur le tapis devant votre cheminée.

Il en va de même avec une personne immorale. On ne peut pas forcer un incroyant à faire ce qu'un homme renouvelé fait volontiers. Vous pouvez lui enseigner et lui servir d'exemple, mais il ne peut pas apprendre l'art de la sainteté, car il n'en a pas la volonté. Sa nature le guide sur une autre voie. Lorsque le Seigneur le transforme, alors tout est différent. Ce changement est si palpable qu'un converti a dit un jour : « Soit le monde entier change, soit c'est moi. » La nouvelle nature suit tout naturellement, comme l'ancienne nature suit le mauvais chemin. Quel bonheur de recevoir une telle nature ! Seul le Saint-Esprit peut l'accorder.

Avez-vous déjà remarqué à quel point il est merveilleux pour le Seigneur d'accorder un nouveau cœur et un esprit droit à une personne ? Peut-être avez-vous déjà vu une cigale qui s'est battue avec une autre et a perdu une de ses pinces, puis une nouvelle a repoussé. Cela est remarquable, mais il est bien plus étonnant qu'une personne reçoive un nouveau cœur. C'est un miracle qui dépasse les pouvoirs de la nature.

Il existe un arbre dont on peut couper une branche et qui produit une nouvelle pousse à sa place, mais est-ce que vous pouvez changer l'arbre ? Pouvez-vous adoucir la sève aigre de l'arbre ? Pouvez-vous faire en sorte que le chêne produise des figues ? Non, mais vous pouvez greffer quelque chose de mieux à cela. Voici l'analogie que la nature nous offre concernant l'œuvre de la grâce, mais changer la sève vitale de l'arbre serait vraiment un miracle. C'est un tel miracle que la puissance de Dieu opère en ceux qui croient en Jésus.

> Les voleurs deviennent honnêtes, les ivrognes sobres, les menteurs honnêtes, et les moqueurs fervents.

Si vous vous rendez disponible pour son action divine, le Seigneur changera votre nature. Il subjugue l'ancienne nature et lui donne une nouvelle vie. Confiez votre vie au Seigneur Jésus-Christ, et il changera votre cœur de pierre en un cœur tendre. Tout ce qui était dur deviendra tendre. Tout ce qui était vicieux deviendra vertueux. Tout ce qui tendait à descendre s'élèvera avec une force spontanée. Le lion de la colère laissera la place à l'agneau de la douceur, et le corbeau de la souillure fuira devant la colombe de la pureté. Le serpent venimeux de la tromperie sera écrasé sous le talon de la vérité.

J'ai personnellement été témoin de changements moraux et spirituels si merveilleux qu'il ne m'est pas permis d'imaginer qu'il existe des êtres totalement perdus. Si cela était nécessaire, je pourrais citer des femmes qui étaient autrefois infidèles, mais qui sont aujourd'hui aussi blanches que neige. Et je pourrais en dire autant d'hommes qui étaient blasphémateurs et qui, aujourd'hui, enchantent leur entourage par leur dévotion profonde à Christ. Les voleurs deviennent honnêtes, les ivrognes sobres, les menteurs honnêtes, et les moqueurs fervents. *Car la grâce de Dieu, source de salut pour tous les hommes, a été manifestée. Elle nous enseigne à renoncer à l'impiété et aux convoitises mondaines, et à vivre dans le siècle présent selon la sagesse, la justice et la piété* et, cher lecteur, il fera pareil pour vous (Tite 2:11-12).

Vous dites : « Je ne peux pas opérer ce changement. » Qui a dit que vous le pouviez ? Le passage biblique que nous avons cité ne fait pas référence aux actions humaines, mais à l'intervention divine. C'est une promesse de Dieu et c'est à lui de la réaliser. Faites confiance à Dieu pour accomplir sa parole envers vous, et ce sera fait.

« Mais comment cela va-t-il être accompli ? », vous demandez-vous.

Quel est votre problème ? Faut-il que le Seigneur explique ses méthodes avant que vous le croyiez ? L'œuvre du Seigneur dans cette affaire est un grand mystère. C'est le Saint-Esprit qui opère, et il s'agit d'un sujet spirituel, pas physique. L'auteur de la promesse est responsable et à la hauteur de son accomplissement. Celui qui promet ce changement merveilleux accomplira certainement sa réalisation en ceux qui l'accueilleront, car *à tous ceux qui l'ont reçue, à ceux qui croient en son nom, elle a donné le pouvoir de devenir enfants de Dieu* (Jean 1:12).

Je vous prie de le croire : Dieu ne peut pas mentir. Croyez-le, faites-lui confiance et permettez-lui de réaliser ce grand miracle pour vous. Je vous prie de croire que Dieu ne ment pas. Confiez-lui votre cœur et votre esprit, car il peut vous les donner. Que le Seigneur vous donne la foi en sa promesse, en son Fils, au Saint-Esprit, et en lui-même. À lui soient la gloire et l'honneur pour l'éternité ! Amen.

Chapitre 5

Par la grâce, au moyen de la foi

J e pense qu'il est préférable de faire une pause pour demander à mes lecteurs d'observer avec adoration la source de notre salut : la grâce de Dieu. *C'est par la grâce que vous êtes sauvés.* C'est par la grâce de Dieu que des hommes pécheurs sont pardonnés, convertis, purifiés et sauvés. Ce n'est pas parce qu'ils le méritent, parce qu'ils peuvent le faire ou parce qu'ils ont fait ou peuvent faire quelque chose. C'est grâce à l'amour infini, à la bonté, à la compassion, à la miséricorde et à la grâce de Dieu. Laissez-vous un instant imprégner par la source intarissable. Contemplez la source pure du fleuve de l'eau de la vie qui jaillit du trône de Dieu et de l'Agneau.

> *Car c'est par la grâce que vous êtes sauvés,*
> *par le moyen de la foi.* (Éphésiens 2:8)

Qui peut mesurer l'étendue de la grâce de Dieu? Qui peut en appréhender la profondeur? Comme tous les autres attributs divins, la grâce de Dieu est infinie. Dieu est plein d'amour, car Dieu est amour (1 Jean 4:8). Dieu est plein de bonté. Le nom même de Dieu signifie bon. La bonté et l'amour infinis entrent dans le cœur même de la Trinité, car *sa miséricorde dure à toujours* (Psaume 136:1). Les hommes ne sont pas détruits parce que ses compassions ne sont pas leur terme (Lamentations 3:22), mais au contraire, les pécheurs sont amenés auprès de lui et sont pardonnés.

Souvenez-vous de cela, sinon vous risquez de vous concentrer tellement sur la foi, qui est le canal du salut, au point d'oublier la grâce, qui est la source et le fondement même de la foi. La foi est le fruit de l'œuvre de l'Esprit de Dieu en nous. Personne ne peut affirmer que Jésus est Christ si ce n'est par le Saint-Esprit (1 Corinthiens 12:3). Christ a également dit : « Nul ne peut venir à moi, si le Père qui m'a envoyé ne l'attire. »[5] Ainsi, la foi qui nous amène vers Christ est la résultante du mouvement divin qui nous attire vers le Père. La grâce est le premier et dernier moteur du salut et la foi, bien qu'essentielle, n'est qu'un aspect important du mécanisme que la grâce met en œuvre. Nous sommes sauvés *par le moyen de la foi*, mais le salut vient *par la grâce*. Laissons ces paroles résonner comme si elles étaient annoncées par la trompette de l'archange : *C'est par la grâce que vous êtes sauvés*. Quelle bonne nouvelle pour les indignes!

La foi agit comme un canal ou une conduite d'eau, tandis que la grâce est la source et le courant. C'est par

---

5   Martin Luther, *The Theologia Germanica de Martin Luther* (1516).

la foi, comme un aqueduc, que le flot de la grâce vient irriguer les fils de l'homme assoiffés. Il est regrettable de voir l'aqueduc brisé. Il est triste de voir les nombreux aqueducs autour de Rome qui ne transportent plus d'eau dans la ville, car les arches sont brisées et les structures merveilleuses sont en ruines. L'aqueduc doit être préservé dans son intégrité pour acheminer le flux, et même alors, la foi doit s'appuyer sur la vérité et être ferme pour mener droit à Dieu et retomber directement sur nous, afin de pouvoir devenir un canal de miséricorde fonctionnel pour nos âmes.

Je vous rappelle encore que la foi n'est que le canal ou l'aqueduc, et non la source de la bénédiction. Nous ne devons pas regarder à la foi de façon à l'élever au-dessus de la grâce de Dieu, qui est la source divine de tous les bienfaits. Ne considérez pas la foi comme une source indépendante de votre salut. Nous devons désormais *avoir le regard sur Jésus* (Hébreux 12:2) en raison de notre nouvelle vie, et non dépendre de notre foi. Par la foi, toutes choses deviennent possibles pour nous, cependant, la puissance ne réside pas dans la foi, mais dans le Dieu sur qui la foi repose. La grâce est le moteur puissant et la foi est la courroie par laquelle le véhicule de l'âme est rattaché. La justice de la foi n'est pas la vertu de la foi, mais c'est la justice de Jésus-Christ que la foi saisit et embrasse. La paix intérieure ne découle pas de la contemplation de notre foi. Elle nous vient de celui qui

> Par la foi, toutes choses deviennent possibles pour nous, cependant, la puissance ne réside pas dans la foi, mais dans le Dieu sur qui la foi repose.

est notre paix, dont le vêtement touche la foi et dont la vertu se répand dans l'âme.

Ainsi, la faiblesse de votre foi ne doit pas vous détruire. Une main tremblante peut encore recevoir un cadeau en or. Le salut du Seigneur peut nous atteindre même si notre foi est aussi petite qu'un grain de moutarde. La puissance repose sur la grâce de Dieu et non notre foi. De grands messages peuvent être transmis par de faibles câbles, et le témoignage de la paix du Saint-Esprit peut atteindre le cœur par le biais d'une foi étroite qui semble presque incapable de soutenir son poids. Fixez davantage le regard sur Celui en qui vous croyez et non sur le regard lui-même. Considérez Jésus uniquement, et la grâce de Dieu révélée en lui.

Chapitre 6

Qu'est-ce que la foi ?

Qu'est-ce que cette foi dont il est question en Éphésiens 2:8 qui dit : *c'est par la grâce que vous êtes sauvés, par le moyen de la foi* ? La foi peut être définie de plusieurs façons, mais presque toutes les définitions que j'ai lues ont rendu ce terme moins clair que ce que j'en savais avant de les lire. On peut expliquer la foi au point de rendre ce terme finalement incompréhensible. J'espère ne pas être de ceux-là, car la foi est simple. C'est peut-être parce qu'elle est simple que l'expliquer devient plus difficile.

Qu'est-ce que la foi ? Elle est composée de trois choses : la connaissance, la croyance et la confiance. La connaissance vient en premier. *Et comment croiront-ils en celui dont ils n'ont pas entendu parler ?* (Romains 10:14). Je veux connaitre l'information avant de croire. *La foi vient de ce qu'on entend* (Romains 10:17). Il convient d'entendre pour savoir ce que nous devons croire. *Ceux qui connaissent ton nom se confient en toi* (Psaume 9:11). Il y a un degré de connaissance qui est indispensable pour déclencher la foi. Pour cette raison même, il est important d'acquérir la connaissance. *Prêtez l'oreille, et venez à moi, écoutez, et votre âme vivra* (Ésaïe 55:3). Telle était la parole du prophète Ésaïe, et c'est le même message de l'Évangile. Recherchez les Écritures pour apprendre ce que le Saint-Esprit enseigne sur Christ et son salut. Cherchez à connaitre Dieu. *Que celui qui s'approche de Dieu croie que Dieu existe, et qu'il est le rémunérateur de ceux qui le cherchent* (Hébreux 11:6).

> **Vous devez connaitre l'Évangile, savoir le contenu de la Bonne nouvelle.**

Que le Saint-Esprit vous donne l'intelligence et la crainte du Seigneur. Vous devez connaitre l'Évangile, savoir le contenu de la Bonne nouvelle, comment elle aborde le message du pardon gratuit et du changement de cœur, d'adoption dans la famille de Dieu, ainsi que les innombrables autres bénédictions qu'elle apporte.

Connaitre Jésus-Christ, le Fils de Dieu, le Sauveur, qui est uni à nous par sa nature humaine, tout en étant un avec Dieu. C'est pourquoi il peut agir comme Médiateur entre Dieu et l'homme, pouvant poser sa main sur les deux pour être le canal entre le pécheur et le Juge de toute la terre. Efforcez-vous d'en savoir toujours plus sur Jésus-Christ. Au-delà de tout, efforcez-vous de connaitre la doctrine du sacrifice de Christ, car c'est là-dessus que la foi salvatrice se fixe principalement : *Car Dieu était en Christ, réconciliant le monde avec lui-même, en n'imputant point aux hommes leurs offenses* (2 Corinthiens 5:19).

Savoir que Dieu est *devenu malédiction pour nous, car il est écrit : maudit est quiconque est pendu au bois* (Galates 3:13). Profitez pleinement de la doctrine du sacrifice rédempteur de Christ, car c'est la consolation la plus douce et agréable pour le pécheur, car le Seigneur *l'a fait devenir péché pour nous, afin que nous devenions en lui justice de Dieu* (2 Corinthiens 5:21). La foi commence par la connaissance.

Sur cette base, l'esprit est amené à croire que ces choses sont vraies. Le cœur croit en l'existence d'une âme qui entend les prières, en la vérité de l'Évangile et en la grande vérité révélée par Dieu dans ces derniers jours par son Esprit : la justification par la foi. Le cœur croit également que Jésus est notre Dieu et Sauveur, le Rédempteur de l'humanité, le Prophète, le Sacrificateur et le Roi de son peuple. Tout cela est accepté comme une vérité certaine et incontestable.

Ma prière est que vous puissiez accepter cette vérité immédiatement et croire fermement que *le sang de Jésus son Fils nous purifie de tout péché* (1 Jean 1:7), et que son sacrifice est complet et pleinement accepté par Dieu en notre faveur, de sorte que *celui qui croit en lui n'est point jugé* (Jean 3:18). Croyez ces vérités, car c'est principalement sur les sujets d'exercice que se joue la différence entre une foi commune et une foi salvatrice. Croyez au témoignage de Dieu comme vous croiriez au témoignage de votre père ou ami. *Si nous recevons le témoignage des hommes, le témoignage de Dieu est plus grand* (1 Jean 5:9).

Vous avez fait des progrès dans la foi, mais il vous manque une dernière chose : la confiance. Consacrez-vous au Dieu miséricordieux. Placez votre espoir dans l'Évangile de la grâce. Confiez votre âme au Sauveur mort et ressuscité, et purifiez-vous dans le sang expiatoire. Acceptez sa parfaite justice et tout ira bien. La confiance est le sang de la foi. Sans cela, il n'y a pas de foi salvatrice.

Les Puritains expliquent la foi par le terme *allongé*. Cela signifiait « s'appuyer sur quelque chose ». En ce qui concerne la confiance, appuyez-vous totalement sur Christ. Une illustration encore meilleure serait de s'écrouler entièrement et de se jeter sur le Roc des âges. Confiez-vous à Jésus. Restez en lui. Consacrez-vous à lui. En le faisant, vous serez en train d'exercer la foi salvatrice.

La foi n'est pas une croyance aveugle, car elle repose sur la connaissance. Elle n'est pas spéculative, car elle se fie à des faits dont elle est sûre. Elle n'est pas irréaliste et rêveuse, parce qu'elle se fie à la vérité de la révélation et y joue son destin.

Voici une autre façon de définir la foi. Voici une autre définition. La foi consiste à croire que Jésus est ce qu'il a dit être et qu'il accomplira ce qu'il a promis, et ensuite attendre cela de lui. Les Écritures disent que Jésus-Christ est Dieu – Dieu fait chair. Elles parlent de lui comme étant parfait en caractère, ayant fait l'offrande pour le péché en notre faveur et ayant porté nos péchés dans son corps sur la croix. Les Écritures parlent de lui comme ayant éliminé la transgression, mis un terme au péché et introduit la justice éternelle (Daniel 9:24).

Les Saintes Écritures nous disent également qu'il *est mort et qu'il est ressuscité* (1 Thessaloniciens 4:14), qu'il vit toujours pour intercéder en notre faveur

(Hébreux 7:25), qu'il est monté dans la gloire et qu'il a pris possession du ciel en faveur de son peuple. Elles nous disent également qu'il revient bientôt et qu'il *juge le monde avec justice, il juge les peuples avec droiture* (Psaume 9:8). Nous devons croire fermement que cela est vrai, car le témoignage de Dieu le Père dit : *Celui-ci est mon Fils élu : écoutez-le* (Luc 9:35). Ce témoignage est également confirmé par Dieu le Saint-Esprit, car l'Esprit a rendu témoignage à Christ dans la Parole inspirée, à travers divers miracles et par son action dans les cœurs des hommes. Nous devons croire ce témoignage.

La foi repose également sur le fait que Christ accomplira ce qu'il a promis. En effet, il a promis : *je ne mettrai pas dehors celui qui vient à moi* (Jean 6:37), il est certain qu'il ne nous chassera pas si nous venons à lui. La foi le croit puisque Jésus a dit *l'eau que je lui donnerai deviendra en lui une source d'eau qui jaillira jusque dans la vie éternelle* (Jean 4:14). Cela doit être vrai.

> Si nous recevons cette eau vive de la part de Christ, elle demeurera en nous et jaillira en nous sous forme de sources de vie sainte.

Si nous recevons cette eau vive de la part de Christ, elle demeurera en nous et jaillira en nous sous forme de sources de vie sainte. Quelque soit ce que Christ a promis, et il l'accomplira. Nous devons croire cela et chercher dans ses mains le pardon, la justification, la préservation et la gloire éternelle, selon ce qu'il a promis à ceux qui croient en lui.

Le prochain pas nécessaire consistera à examiner le fait que Jésus est ce qu'il dit qu'il est, Jésus accomplira ce qu'il déclare qu'il accomplira, et pour cette raison, nous devons lui faire confiance individuellement en disant : « Il sera pour moi ce qu'il dit être, et il accomplira pour moi ce qu'il a promis d'accomplir. Je remets ma vie entre les mains de Celui qui a été désigné pour me sauver, car il peut vraiment me sauver. Je me tiens sur sa promesse qu'il accomplira tout ce qu'il a annoncé. » C'est cela la foi salvatrice, et *Celui qui croit au Fils a la vie éternelle* (Jean 3:36).

Quels que soient les dangers et les difficultés auxquels vous êtes confrontez, qu'il s'agisse de ténèbres et de dépression, de faiblesses et de péchés – quiconque croit en Jésus-Christ de cette manière *ne vient point en jugement, mais il est passé de la mort à la vie* (Jean 5:24). J'espère que ces vérités peuvent être utilisées par l'Esprit de Dieu pour vous diriger vers une paix immédiate. *Ne crains pas, crois seulement* (Marc 5:36). Croyez, et vous serez en paix.

Je crains que vous ne vous contentiez d'avoir une bonne compréhension de ce qu'il faut faire sans jamais l'appliquer. La foi la plus pauvre qui s'exerce réellement est préférable à la meilleure foi idéale qui reste spéculative (Jacques 1:22). L'essentiel est que nous croyons en Jésus-Christ dès à présent. Peu importent les différences et les définitions. Un homme affamé mange même s'il ne comprend pas la composition de son aliment, l'anatomie de sa bouche ou le processus de digestion. Il vit parce qu'il mange.

Une autre personne beaucoup plus intelligente peut comprendre à fond la science de la nutrition, mais si elle ne mange pas, elle mourra avec toutes ses connaissances.

Il ne fait aucun doute qu'il y a actuellement en enfer de nombreuses personnes qui ont compris la doctrine de la foi, mais qui n'ont pas cru. En revanche, aucun de ceux qui se sont confiés au Seigneur Jésus n'a jamais été chassé, même s'ils n'ont jamais pu définir intelligemment leur foi. Recevez le Seigneur Jésus dans votre âme, et vous vivrez éternellement avec lui au ciel. *Celui qui ne croit pas au Fils ne verra point la vie* (Jean 3:36).

Chapitre 7

Comment illustrer la foi ?

Pour rendre encore plus claire la question de la foi, dans ce chapitre, je vous donnerai quelques illustrations. Si seul le Saint-Esprit peut vous ouvrir les yeux, j'ai pour devoir et je me réjouis de vous apporter toute la lumière nécessaire à mon niveau et de prier le divin Seigneur d'ouvrir les yeux des aveugles. J'espère que vous ferez également cette prière pour vous-même.

La foi qui sauve présente des similitudes avec le corps humain.

Ce sont les yeux qui donnent la vision. À travers l'œil, nous introduisons dans l'esprit des choses qui sont loin. Par un simple regard, nous pouvons faire apparaitre le soleil et les étoiles lointaines dans l'esprit. De même, par la foi, nous pouvons rapprocher le Seigneur Jésus de nous. Même s'il est loin, dans le ciel, il entre dans notre cœur. Il suffit de lever les yeux vers Jésus. Ce message, qui résume la vérité du cantique « There Is Life for a

Look at the Crucified One » (Il y a de la vie quand on regarde le Crucifié) est parfaitement vrai :

> *Il y a de la vie quand on regarde le Crucifié,*
> *Il y a de la vie en ce moment pour vous.*

La foi est comme la main qui saisit. Lorsque notre main saisit quelque chose, elle fait précisément ce que fait la foi lorsqu'elle s'approprie Christ et les avantages de sa rédemption. La foi dit : « Jésus est à moi. » La foi entend parler du sang qui pardonne et s'écrie : « J'accepte qu'il me pardonne. » La foi appelle l'héritage de Jésus mourant comme étant sien, et ce l'est parce que la foi est l'héritière de Christ. Il s'est donné lui-même et tout ce qu'il a à la foi. Acceptez ce que la grâce a prévu pour vous. Vous ne serez pas un voleur, car vous avez un permis divin. *Que celui qui veut, prenne de l'eau de la vie, gratuitement* (Apocalypse 22:17). Celui qui peut faire de son trésor un bien personnel simplement en l'attrapant sera fou s'il reste pauvre.

Pour que la nourriture puisse nous nourrir, nous devons la recevoir.

La foi est comme la bouche. Elle se nourrit de Christ. Pour que la nourriture puisse nous nourrir, nous devons la recevoir. C'est une chose simple – le fait de manger et de boire. Nous recevons volontairement la nourriture dans la bouche et elle passe dans nos parties intérieures où elle est absorbée. L'apôtre Paul déclare : *La parole est près de toi, dans ta bouche* (Romains 10:8). Pour qu'elle parvienne à nourrir l'âme, il suffit de la faire avaler. Les personnes qui ont faim et qui voient de la nourriture devant elles n'ont pas besoin qu'on leur enseigne à manger. On pourrait dire : « Donnez-moi un couteau, une fourchette et une occasion », et je serai prêt à faire le reste.

En effet, un cœur qui languit et a soif de Christ n'a qu'à savoir qu'il est donné (gratuitement) pour être immédiatement comblé. Si vous vous trouvez dans cette situation, n'hésitez pas à accueillir Jésus. Vous pouvez être sûr que vous n'en subirez pas le blâme, car *à tous ceux qui l'ont reçue, à ceux qui croient en son nom, elle a donné le pouvoir de devenir enfants de Dieu* (Jean 1:12). Il ne rejette jamais ceux qui se confient en lui, mais permet à tous ceux qui viennent de rester ses fils pour l'éternité.

Les activités de la vie illustrent la foi de bien des manières. L'agriculteur enfouit une bonne semence dans la terre et s'attend à ce qu'elle vive et se multiplie. Il a foi en la promesse que *les semailles et la moisson… ne cesseront point* (Genèse 8:22), et il est récompensé pour sa foi.

Un commerçant confie son argent à un banquier et lui fait entièrement confiance. Il confie son capital à un tiers et se sent bien plus en sécurité que s'il le gardait dans un coffre-fort en or massif.

Le marin se confie à la mer. Lorsqu'il monte à bord de son navire, il retire son pied de la terre ferme pour le poser sur l'océan flottant. Il ne pourrait pas faire cela s'il ne se reposait entièrement sur l'eau.

Le bijoutier met de l'or dans le feu, qui semble impatient de le consommer, mais il le reçoit purifié par la chaleur de la forge.

Dans la vie, il n'y a pas un seul endroit où l'on ne

puisse observer la foi à l'œuvre entre deux personnes ou entre une personne et la nature. De la même manière que nous faisons confiance à notre quotidien, nous devons faire confiance à Dieu tel qu'il se révèle en Jésus-Christ. La foi est présente chez les individus de différentes façons, selon leur niveau de connaissance ou leur progression dans la grâce. Parfois, la foi se réduit à une simple adhérence à Christ – un sentiment de dépendance et une volonté de dépendre de lui.

Lors d'une promenade sur le littoral, vous verrez des mollusques marins collés aux rochers. Vous vous approchez doucement de la roche, frappez rapidement le mollusque avec votre bâton de marcheur et il tombe. Procédez de la même manière avec le mollusque suivant. Vous lui avez donné un avertissement : il a entendu le premier coup porté à son voisin, alors il s'agrippe de toutes ses forces. Vous ne le ferez jamais partir. Vous pouvez frapper encore et encore, même briser le rocher, mais notre petit ami, le mollusque, même s'il ne comprend pas grand-chose, s'accroche. Ce petit animal ne connait rien à la formation géologique de la roche, mais il s'accroche tout de même. Il peut s'agripper et il a trouvé quelque chose à quoi se cramponner. Voilà le fond de sa connaissance, et il s'en sert pour assurer sa sécurité et son salut.

La vie du mollusque est de se cramponner au rocher, et la vie du pécheur est de se cramponner à Jésus. Des milliers de disciples de Dieu n'ont pas plus de foi qu'eux. Ils savent qu'ils doivent se cramponner à Jésus de tout leur cœur et toute leur âme, et cela suffit pour obtenir la paix et la sécurité éternelle. Pour eux, Jésus-Christ est le Sauveur fort et puissant, un Rocher inamovible et immuable. Ils s'accrochent à lui de toutes leurs forces, et cette adoration les sauve. Je vous le demande, ne pouvez-vous pas vous cramponner ? Faites-le sans attendre.

La foi se manifeste lorsqu'une personne s'appuie sur une autre parce qu'elle reconnait sa connaissance supérieure. Il s'agit d'une foi plus élevée que celle du mollusque qui s'accroche, car cette foi connait la raison de sa dépendance et agit en conséquence. Je ne pense pas que le mollusque en sache beaucoup sur le rocher, mais à mesure que la foi grandit, elle devient de plus en plus intelligente. Un aveugle se fie à son guide, parce qu'il sait que son guide peut voir, et il se fie donc à son guide pour aller là où il le conduit. Si le pauvre homme est né aveugle, il ne sait pas ce qu'est la vue, mais il sait qu'elle existe et que son guide la possède. C'est pourquoi il met librement sa main dans la main de celui qui voit et suit sa direction. *Car nous marchons par la foi et non par la vue* (2 Corinthiens 5:7).

Heureux ceux qui n'ont pas vu, et qui ont cru (Jean 20:29). C'est un exemple de foi aussi bon que possible. Nous savons que Jésus a le mérite, le pouvoir et la bénédiction que nous n'avons pas, et c'est pourquoi nous nous en remettons volontiers à lui pour qu'il soit pour nous ce que nous ne pouvons pas être pour nous-mêmes. Nous lui faisons confiance comme l'aveugle fait confiance à son guide. Il ne trahit jamais notre confiance, mais il *a été fait pour*

> Nous savons que Jésus a le mérite, le pouvoir et la bénédiction que nous n'avons pas, et c'est pourquoi nous nous en remettons volontiers à lui.

nous sagesse, justice et sanctification et rédemption (1 Corinthiens 1:30).

Tous les garçons qui vont à l'école doivent faire preuve de foi lorsqu'ils apprennent. Le professeur leur enseigne la géographie et ils apprennent l'existence des villes et des empires grands. Le garçon n'admet la véracité de ces choses que parce qu'il croit son enseignant et ses livres. C'est ce que vous devrez faire avec Christ, si vous voulez être sauvé. Vous devez simplement accepter les choses parce que la Bible le dit ; vous devez croire parce que Christ vous assure que c'est vrai, et vous devez lui faire confiance parce qu'il vous promet le salut à la clé.

La quasi-totalité des choses que nous savons nous a été transmise par la foi. Sur quelle base croyons-nous lorsqu'une découverte scientifique est faite et que nous sommes certains de son existence ? Nous nous fondons sur l'autorité de certains experts renommés dont la réputation est établie. Nous n'avons jamais assisté à leurs expériences, mais nous leur faisons confiance. Vous devez faire de même avec Jésus. Il vous enseigne des vérités et vous êtes destiné à être son disciple et à croire ses paroles. Vous êtes donc son disciple et vous devez vous confier à lui, non parce qu'il a accompli certains actes, mais parce qu'il est le Messie. Il est infiniment supérieur à vous et désire gagner votre confiance en tant que Maitre et Seigneur. Si vous accueillez sa personne et ses paroles, vous serez sauvé.

Une autre forme supérieure de foi est celle qui émane de l'amour. Pourquoi un garçon fait-il confiance à son père ? C'est parce qu'il l'aime. Ceux qui ont une foi en Jésus, entremêlée d'une profonde affection pour lui, sont à la fois bénis et heureux, car c'est une confiance paisible. Ces amoureux de Jésus sont ravis de sa personnalité et de sa mission. Ils sont conquis par la bienveillance qu'il a manifestée et ne peuvent qu'avoir confiance en lui, car ils l'admirent, le révèrent et l'aiment tant.

Le chemin de l'amour qui nous pousse à faire confiance au Sauveur peut être illustré ainsi. C'est l'épouse du plus éminent des médecins de l'époque. Atteinte d'une maladie dangereuse, elle a été terrassée par sa force, mais est restée étonnamment calme et posée, car son mari a consacré sa carrière à cette maladie. Il a guéri des milliers de personnes atteintes de cette maladie. Elle ne s'est guère inquiétée, car elle se savait entre de bonnes mains, celles d'un être cher qui alliait habileté et amour dans leur forme la plus élevée. Sa confiance était raisonnable et naturelle. À tous points de vue, son mari méritait cette marque d'honneur à son égard. Voilà la foi dont font preuve les croyants les plus heureux envers Christ. Il n'y a pas de médecin qui l'égale.

Personne n'est capable de sauver si ce n'est lui. Nous l'aimons, et il nous aime. C'est pourquoi nous nous **La foi est la racine de l'obéissance.** remettons entre ses mains, acceptons ce qu'il prescrit et faisons ce qu'il demande. Nous sommes convaincus qu'il n'y a rien qui puisse mal tourner tant qu'il dirige nos affaires, car il nous aime tellement qu'il ne veut pas nous voir périr ni subir le moindre mal (2 Pierre 3:9).

La foi est la racine de l'obéissance, une vérité qui se manifeste clairement dans les affaires de la vie. Lorsqu'un capitaine fait confiance à un pilote pour guider son navire vers le port, il oriente le navire selon les instructions du pilote. Lorsqu'un voyageur fait confiance à un guide pour lui faire franchir une voie difficile, il suit le chemin que le guide lui indique. Lorsqu'un patient fait confiance à un médecin, il suit volontiers ses prescriptions et ses instructions.

Une foi qui refuse d'obéir aux commandements du Sauveur n'est qu'une façade et ne sauvera jamais l'âme. Jésus nous donne des directives sur le chemin du salut, et si nous les suivons, nous sommes sauvés. Ne l'oubliez pas. Lorsqu'on fait confiance à Jésus, on prouve cette confiance en faisant tout ce qu'il nous dit.

Une foi remarquable découle d'une connaissance avérée qui vient avec la croissance de la grâce. Cette foi est celle qui croit en Christ parce qu'elle le connait et lui fait confiance, car elle a pu constater son infaillible fidélité. Une vieille femme chrétienne avait pour habitude d'écrire « T&V » dans la marge de sa Bible lorsqu'elle avait testé et vérifié une promesse. À quel point il est facile de faire confiance à un Sauveur testé et vérifié. Vous n'y parvenez peut-être pas encore, mais vous y parviendrez. Tout commence par un premier pas. Avec le temps, vous parviendrez à une foi forte. Cette foi mûre ne demande pas de signes, mais elle a le courage de croire.

Observez la foi du maitre marinier – je l'ai souvent admirée. Il desserre les câbles et s'éloigne du rivage. Pour des jours, des semaines, voire des mois, il ne voit ni voile ni côte, et pourtant il avance sans crainte, jour et nuit, jusqu'à ce qu'un matin, il se retrouve directement en face de la destination souhaitée sur laquelle il avait l'intention de mettre le cap. Comment trouve-t-il sa voie sur cette étendue sans limites ? Il fait confiance à sa boussole, à son almanach nautique, à son télescope et aux étoiles. En suivant leurs indications, sans apercevoir la moindre terre, il navigue avec une telle précision qu'il ne modifie pas sa trajectoire pour entrer dans le port. C'est merveilleux.

Spirituellement, c'est une expérience bénissante que de quitter totalement les rivages de la vue et du sentiment, et de dire adieu aux sentiments intérieurs, aux chances prometteuses, aux signes et à d'autres choses de ce genre. Il est glorieux d'être loin sur l'océan de l'amour divin, de croire en Dieu et de se diriger tout droit vers le ciel en suivant la Parole de Dieu. *Heureux ceux qui n'ont pas vu, et qui ont cru* (Jean 20:29). Un accueil honorable leur sera réservé à la fin et un voyage sans encombre. N'avez-vous donc pas confiance en Dieu en Jésus-Christ ? C'est ce que je fais avec joie et confiance, et je vous invite à me rejoindre en croyant en notre Père et notre Sauveur. Venez maintenant.

Chapitre 8

Pourquoi sommes-nous sauvés par la foi ?

Pourquoi la foi est-elle la voie choisie pour le salut ? C'est sans doute une question que l'on se pose souvent. *Car c'est par la grâce que vous êtes sauvés, par le moyen de la foi* (Éphésiens 2:8) est certainement une doctrine tirée des Saintes Écritures et un décret de Dieu, mais pourquoi en est-il ainsi ? Pourquoi la foi est-elle privilégiée plutôt que l'espérance, l'amour ou la patience ?

Il est convenable pour nous d'être humbles en répondant à une telle question, car l'on ne comprend pas toujours les voies de Dieu et nous ne devons pas les remettre en question. Humblement, nous pouvons dire que, pour ce que nous en savons, la foi a été choisie comme canal de grâce parce qu'elle s'adapte naturellement à ce rôle de récepteur. Imaginez cela. Si j'ai décidé d'offrir une aumône à un pauvre homme, je la mets dans sa main.

Pourquoi ? Il ne serait pas convenable de la mettre dans son oreille ou de la poser à ses pieds. La main est faite pour recevoir, et, à l'image de la main de l'homme, la foi est créée pour recevoir.

Recevoir Christ est un acte aussi simple qu'offrir une pomme à son enfant, car il suffit de la lui tendre et de lui promettre de la lui donner s'il vient la chercher. La croyance et la réception se rapportent uniquement à une pomme, mais elles constituent précisément le même acte que la foi qui concerne le salut éternel. Ce que la main de l'enfant est à la pomme, votre foi l'est au salut parfait de Christ. La main de l'enfant ne fait pas la pomme, n'améliore pas la pomme et ne la mérite pas. Elle ne fait que la recevoir.

La foi est choisie par Dieu pour recevoir le salut, car elle n'essaie pas de l'instaurer ni de l'aider à se concrétiser. Au contraire, elle se contente humblement de le recevoir. La foi est la langue qui demande pardon, la main qui le reçoit et l'œil qui le voit, mais ce n'est pas le prix qui la rachète. La foi ne se fait jamais son plaidoyer. Son argument repose sur le sang de Christ. Elle devient un bon serviteur qui apporte les richesses du Seigneur Jésus à l'âme, car elle reconnait la source d'où elle les a tirées. Elle admet que c'est la grâce seule qui lui a confié ces richesses.

Encore une fois, la foi est sans aucun doute choisie parce qu'elle donne toute la gloire à Dieu. Ça relève de la foi afin que ce soit par la grâce, et ça relève de la grâce pour que personne ne s'enfle d'orgueil, car Dieu ne supporte pas l'orgueil. *Il reconnait de loin les orgueilleux* (Psaume 138:6), et il ne veut pas s'approcher d'eux. Il ne donnera pas le salut d'une manière qui suggère ou encourage l'orgueil. Paul dit : *Ce n'est point par les œuvres, afin que personne ne se glorifie* (Éphésiens 2:9). La foi exclut l'orgueil.

La main qui reçoit la charité ne dit pas : « Je dois être remerciée d'avoir accepté le cadeau. » Une telle attitude serait absurde. Lorsqu'elle lève le pain jusqu'à la bouche, elle ne dit pas au corps : « Merci de me permettre de te nourrir. » C'est une action très simple de la part de la main, mais ô combien nécessaire. Elle ne s'attribue jamais la gloire de ce qu'elle fait. De la même manière, Dieu a choisi la foi pour recevoir le don ineffable de sa grâce, parce qu'elle ne peut s'attribuer aucun mérite,

> La foi nous sauve, car elle nous permet de nous accrocher à Dieu et de nous connecter à lui.

mais doit adorer le Dieu de grâce qui donne tout ce qui est bon. La foi met la couronne sur la bonne tête, et c'est pourquoi le Seigneur Jésus devait être utilisé pour mettre la couronne sur la tête de la foi, en disant : *Ta foi t'a sauvée, va en paix* (Luc 7:50).

Ensuite, Dieu choisit la foi comme canal de salut, car c'est un moyen sûr qui relie l'homme à Dieu. Lorsqu'un homme se confie à Dieu, cela crée un lien entre les deux, et cette union garantit le salut. La foi nous sauve, car elle nous permet de nous accrocher à Dieu et de nous connecter à lui. J'ai souvent utilisé l'illustration suivante, et je ne peux imaginer de meilleure image. Il s'agit d'une histoire que j'ai entendue il y a des années, au sujet d'un bateau qui a chaviré au-dessus des chutes du Niagara. Deux hommes étaient emportés par le courant, et des personnes sur la rive ont pu jeter une corde vers eux, et les deux hommes l'ont saisie.

L'un d'eux s'est agrippé à cette corde et a été ainsi tiré jusqu'à la rive, tandis que l'autre a lâché prise lorsqu'il a aperçu un grand tronc flottant. Il a décidé de s'accrocher au tronc, car il était plus grand que la corde et, selon lui, c'était le meilleur choix. Malheureusement, le tronc avec l'homme dessus, est tombé directement dans le vide, car il n'y avait aucun lien, aucune union entre lui et la rive. La taille du tronc était sans utilité pour l'homme qui le tenait. Il aurait fallu un lien avec la rive pour que celui-ci soit en sécurité.

Il en va de même pour celui qui se repose sur ses œuvres, ses sacrements, ses cérémonies ou des choses semblables. Une telle personne ne sera pas sauvée, car il n'y a pas de lien entre elle et Christ. Toutefois, la foi, bien qu'elle puisse sembler être une corde raide, est entre les mains du grand Dieu sur la rive. C'est une force infinie qui tire sur le cordon et sauve l'homme de la destruction. Oh, que la foi est bénie, car elle nous unit à Dieu !

La foi est également choisie comme véhicule de la grâce, car elle touche à l'endroit où l'action commence. Même dans les choses les plus ordinaires, une certaine forme de foi est à l'origine de tout. J'ai tendance à penser que nous ne faisons jamais rien sans avoir une dose de foi. Par exemple, si je marche dans mon bureau, c'est parce que je crois que mes jambes me porteront. Un homme mange parce qu'il croit en la nécessité de la nourriture. Il va travailler parce qu'il croit en la valeur de l'argent. Il accepte un chèque parce qu'il a confiance en l'établissement bancaire qui l'a émis. Colomb a découvert l'Amérique parce qu'il croyait qu'un autre continent se trouvait au-delà de l'océan ; et les Pères pèlerins ont colonisé le Nouveau Monde parce qu'ils croyaient que Dieu serait avec eux sur ces côtes hostiles.

La plupart des grandes actions ont été accomplies par la foi, pour le meilleur ou pour le pire, car la foi accomplit des merveilles à travers la personne en qui elle réside. La foi, dans sa forme naturelle, est une force persuasive qui entre dans tous les types d'actions humaines. Celui qui dénigre la foi en Dieu est probablement celui qui a le plus de foi, mais de la mauvaise manière. En réalité, il fait preuve d'une naïveté qui serait risible, si elle n'était pas si révoltante.

Dieu accorde le salut par la foi, car en créant la foi en nous, il touche la raison profonde de nos émotions et de nos actions. En quelque sorte, il a pris possession de la batterie à travers laquelle l'énergie est convertie et qui lui permet d'envoyer le courant sacré à tous les niveaux de notre nature. Lorsqu'on croit en Christ et que notre cœur se retrouve entre les mains de Dieu, on est sauvé du péché et incité à la repentance, à la sainteté, à la ferveur, à la prière et à toute autre chose bonne. C'est une consécration d'un usage commun à un usage saint.

> Aimer Dieu, c'est obéir ; aimer Dieu, c'est être saint.

La foi est à toutes les saintes obligations et œuvres du corps et de l'esprit ce que l'huile est aux roues, le plomb à l'horloge, les ailes à l'oiseau et les voiles au navire. Ayez la foi, et toutes les autres grâces vous accompagneront et vous aideront à rester sur la bonne voie.

La foi a le pouvoir d'agir par l'amour. Elle oriente les passions vers Dieu et attire le cœur vers les meilleures choses. Celui qui croit en Dieu aimera Dieu sans aucun doute. La foi est un acte de l'intelligence, mais elle procède aussi du cœur. *Car c'est en croyant du cœur qu'on parvient à la justice* (Romains 10:10). C'est pourquoi Dieu accorde le salut par la foi, car celle-ci se trouve à proximité des passions et est étroitement liée à l'amour, qui est le père et la nourrice de tous les sentiments et actes saints. Aimer Dieu, c'est obéir ; aimer Dieu, c'est être saint. Aimer Dieu et aimer le prochain, c'est refléter l'image de Christ, et c'est cela, le salut.

De même, la foi engendre la paix et la joie. Celui qui a la foi se repose en Christ et est tranquille. Il est joyeux, ce qui constitue les prémices du paradis. C'est pour cette raison, entre autres, que Dieu accorde tous les dons du ciel à la foi : afin que la foi façonne en nous la vie et l'esprit qui seront éternellement manifestés dans le ciel. La foi nous fournit une armure pour cette vie (Éphésiens 6:10-18) et nous enseigne en quoi consiste la vie à venir. Elle permet aux croyants de vivre et de mourir sans craindre, et de se préparer à l'action et à la souffrance. Le Seigneur l'utilise également comme un moyen très pratique pour nous transmettre sa grâce et nous préparer à la gloire.

La foi accomplit ce que rien d'autre ne peut faire. Elle nous procure la joie et la paix, nous pousse à abandonner nos efforts et nous invite à entrer dans le repos (Psaume 46:10). Pourquoi les gens essaient-ils d'obtenir le salut par d'autres moyens ? Un vieux prédicateur a déclaré : « Un serviteur stupide qui est chargé d'ouvrir une porte met son épaule contre elle et pousse de toutes ses forces, mais la porte ne bouge pas. Il ne peut pas entrer, quand bien même il met toute sa force dans son geste. Un autre arrive avec une clé, ouvre facilement la porte et entre directement. Ceux qui espèrent être sauvés par leurs œuvres poussent à la porte du ciel sans succès. La foi est la clé qui ouvre la porte instantanément. »

N'utiliserez-vous pas cette clé ? Le Seigneur vous ordonne de croire en son Fils bien-aimé et, ce faisant, vous vivrez. N'est-ce pas là la promesse de l'Évangile ? *Celui qui croira et qui sera baptisé sera sauvé* (Marc 16:16). Comment pouvez-vous être contre une façon de sauver qui se confie à la miséricorde et à la sagesse de notre Dieu bienveillant ?

Chapitre 9

Hélas! Je ne peux rien faire de bon!

Après avoir accepté la doctrine de l'expiation et appris la grande vérité selon laquelle le salut s'obtient au moyen de la foi au Seigneur Jésus, le cœur anxieux est souvent profondément troublé par un sentiment d'incapacité à produire de bonnes œuvres. Beaucoup gémissent en disant qu'ils ne peuvent rien faire de bon. Il ne s'agit guère d'une excuse, mais de l'expression d'un fardeau quotidien. Ils aimeraient tant faire le bien, s'ils le pouvaient, mais chacun peut dire honnêtement : *j'ai la volonté, mais non le pouvoir de faire le bien* (Romains 7:18).

Ce sentiment semble rendre l'Évangile sans effet, car à quoi sert la nourriture à un homme affamé s'il est incapable de se la procurer ? À quoi sert le fleuve d'eau vive si l'on ne peut en boire ? Cela me rappelle l'histoire du médecin et de l'enfant d'une pauvre femme. Le sage praticien avait promis à la mère que son petit irait bientôt mieux s'il était bien traité, mais qu'il était impératif qu'il boive régulièrement le meilleur vin et qu'il passe du temps dans l'un des spas allemands. Sachez que ces propos avaient été tenus à une veuve qui avait du mal à se procurer du pain. De même, le cœur troublé pense parfois que le simple Évangile « croyez, et vous vivrez » n'est pas si simple après tout, parce qu'il demande au pauvre pécheur de faire ce qu'il ne peut pas faire. Pour le croyant véritablement éveillé spirituellement, mais peu instruit, il semble qu'il y ait un chainon manquant. Pour lui, le salut de Jésus est visible au loin, mais comment l'atteindre? L'âme est sans force et impuissante. Elle se trouve en vue de la ville de refuge et ne peut en franchir la porte.

Ce manque de force est-il prévu dans le plan de salut? Oui, c'est prévu. L'œuvre du Seigneur est parfaite. Elle commence là où nous sommes et n'exige pas notre intervention pour être menée à son terme. Lorsque le bon Samaritain a vu le voyageur blessé et à moitié mort, il ne lui a pas dit de se lever et de venir à lui, de monter sur l'âne et de se rendre à l'auberge. Non, *il s'est approché de lui* (Luc 10:33). Il l'a soigné, l'a placé sur sa monture et l'a transporté jusqu'à l'auberge. C'est ainsi que le Seigneur Jésus nous traite dans notre condition piètre et misérable.

Nous avons vu que Dieu justifie l'impie au moyen de la foi dans le Précieux Sang de Jésus. Nous devons maintenant examiner l'état dans lequel se trouve l'impie au moment où Jésus opère son salut. Beaucoup de personnes qui sont spirituellement éveillées ne sont pas seulement troublées par leur péché, mais aussi par leur faiblesse morale. Elles n'ont pas la force d'échapper à la boue profonde dans laquelle elles sont tombées, ni même la force de s'en sortir par la suite. Elles ne s'affligent pas seulement de ce qu'elles ont fait, mais aussi de ce qu'elles ne peuvent pas faire. Elles se sentent impuissantes, désemparées et dénuées de vie spirituelle.

Il peut sembler étrange de dire qu'elles ont le sentiment d'être mortes, et pourtant, dans une certaine mesure, c'est vrai, parce qu'à leurs yeux, elles sont incapables de faire le bien. Elles ont l'impression de ne pas pouvoir emprunter la route du paradis, parce que leurs os sont brisés. Aucun des hommes forts n'a retrouvé ses mains (Psaume 76:5) ; en fait, ils sont sans force. Cependant, nous n'avons pas besoin de compter sur notre force, car nous pouvons heureusement voir la mention de l'amour de Dieu pour nous, écrite dans sa Parole. *Car, lorsque nous étions encore sans force, Christ, au temps marqué, est mort pour des impies* (Romains 5:6).

> **Notre impuissance est extrême.**

Dans ce verset, nous voyons l'impuissance consciente soulagée par l'intervention du Seigneur. Notre impuissance est extrême. Il n'est pas écrit : « Lorsque nous étions relativement faibles, Christ est mort pour nous » ou « Lorsque nous n'avions qu'un peu de force », mais la description est absolue et sans restriction : *lorsque nous étions encore sans force*. Nous n'avions aucune force susceptible de contribuer à notre salut. Les paroles de notre Seigneur étaient absolument vraies. *Sans moi, vous ne pouvez rien faire* (Jean 15:5). Je peux aller plus loin et vous rappeler le grand amour dont le Seigneur nous a aimés, *nous qui étions morts par nos offenses* (Éphésiens 2:5). Être mort est une condition bien pire qu'être sans force.

La seule chose sur laquelle le pauvre pécheur sans force doit fixer sa pensée et dont il doit se souvenir fermement comme son seul motif d'espoir, c'est l'assurance divine qu'*au temps marqué, il est mort pour des impies*. Il suffit d'y croire pour que le désespoir s'évanouisse. Comme dans l'histoire du légendaire Midas qui transformait tout en or par son toucher, il en va de même pour la vraie foi : elle transforme tout ce qu'elle touche en bien. Nos besoins et nos faiblesses deviennent des bénédictions lorsque la foi est à l'œuvre.

Considérons les différentes formes que peut prendre ce manque de force. Tout d'abord, une personne dira : « J'ai l'impression de n'avoir pas la force de centrer mes pensées et de les garder fixées sur les sujets sérieux qui concernent mon salut. Même une prière brève me semble pénible. Peut-être est-ce dû en partie à une faiblesse naturelle, ou alors au fait que je me sois fait du mal par excès d'indulgence, ou encore parce que je me préoccupe des soucis du monde au point de ne pas être capable de concevoir des pensées importantes nécessaires au salut d'une âme. »

Il s'agit d'une forme très courante de faiblesse due au péché, car beaucoup d'autres personnes éprouvent le même manque de force. Elles ne peuvent pas garder leur esprit concentré sur une pensée séquentielle ininterrompue pour sauver leur vie. Beaucoup d'hommes et de femmes pauvres sont analphabètes et non éduqués, et ils ont du mal à mûrir leur réflexion. D'autres sont si légers et insignifiants par nature qu'ils ne peuvent pas suivre un argumentaire et un raisonnement soutenus, pas plus qu'ils ne peuvent transcender. Ils sont incapables de comprendre un mystère profond, même s'ils y consacrent toute leur vie.

En réalité, vous n'avez pas besoin de désespérer, car mener une réflexion continue n'est pas nécessaire au salut, le fait de simplement faire confiance à Jésus suffit. Accrochez-vous à ce fait : *Au temps marqué, Christ est mort pour des impies*. Cette vérité ne nécessite aucune recherche approfondie, aucun raisonnement minutieux, aucun argument convaincant. Accrochez-vous-y simplement. Fixez-y votre esprit et reposez-vous-y.

Que ce fait grand, aimable et glorieux s'établisse dans votre esprit jusqu'à ce qu'il parfume toutes vos pensées et vous rende joyeux, même si vous êtes sans force. Voyez le Seigneur Jésus comme votre force et votre chant, car il est devenu votre salut. Selon les Écritures, c'est un fait révélé, qu'*au temps marqué, Christ est mort pour des impies* alors que vous étiez encore sans force. Vous avez peut-être entendu ces mots des centaines de

> Voyez le Seigneur Jésus comme votre force et votre chant.

fois, mais vous n'en avez jamais perçu le sens. Il y a un parfum d'élévation dans ces mots, n'est-ce pas ? Jésus n'est pas mort en raison de notre justice, mais pour nos péchés. Il n'est pas venu nous sauver parce que nous méritions d'être sauvés, mais parce que nous étions totalement sans valeur, ruinés et défaits. Il n'est pas venu sur terre parce que nous avions fait quelque chose pour mériter son amour, mais uniquement pour des raisons qu'il a puisées dans les profondeurs de son amour divin (Romains 5:8). Au temps marqué, il est mort pour ceux qu'il qualifie, non pas de pieux, mais d'impies.

Même si votre compréhension est limitée, vous pouvez saisir cette vérité. Accrochez-vous-y, car cette vérité est capable de réconforter le cœur le plus lourd. Laissez ce verset se déposer sous votre langue comme un morceau sucré, jusqu'à ce qu'il se dissolve dans votre cœur et parfume toutes vos pensées. Alors, même si nos pensées sont aussi éparses que les feuilles d'automne, cela n'aura pas beaucoup d'incidence. Des gens qui n'ont jamais été brillants en science, ou qui ont fait preuve de peu d'originalité dans leur pensée, ont été tout à fait capables d'accepter la doctrine de la croix et ont été sauvés. Pourquoi pas vous ?

J'ai entendu un autre homme dire : « Mon manque de force réside principalement dans mon incapacité à me repentir suffisamment ! » L'idée que les gens se font de la repentance est souvent étrange. Beaucoup imaginent qu'il faut verser beaucoup de larmes, pousser beaucoup de gémissements et endurer beaucoup de désespoir. D'où vient cette idée déraisonnable ? L'incrédulité et le désespoir sont des péchés. Par conséquent, je ne vois pas comment ils peuvent être des éléments fondamentaux d'une repentance acceptable. Pourtant, beaucoup les considèrent comme des éléments incontournables à la véritable expérience chrétienne, mais c'est tout à fait incorrect.

Cependant, je sais ce qu'ils veulent dire, parce qu'à

l'époque de mes ténèbres spirituelles, je ressentais la même chose. Je voulais me repentir, mais je pensais que je n'y arriverais pas. Pourtant, alors même que je pensais cela, j'étais en train de me repentir. Aussi étrange que cela puisse paraitre, je ressentais ce que je ne pouvais pas ressentir. J'avais l'habitude de me mettre dans un coin et de pleurer de ne pouvoir pleurer et je tombais dans un regret amer parce que je ne regrettais pas assez mon péché. Quel désordre lorsque, dans notre état d'incrédulité, nous commençons à juger notre état. C'est comme un aveugle qui regarde ses yeux. Mon cœur a frémi de peur à l'intérieur de moi, parce que je pensais que mon cœur était aussi dur qu'une pierre inébranlable. Mon cœur s'est brisé en pensant qu'il ne se briserait pas. Je vois maintenant que je faisais preuve de ce que je croyais ne pas posséder, mais je ne savais pas où j'en étais spirituellement.

Oh, comme j'aimerais pouvoir aider les autres à recevoir la lumière dont je bénéficie maintenant. Je serais si heureux de dire quoi que ce soit qui puisse raccourcir le temps de leur confusion – si je pouvais dire quelques mots simples et prier *le consolateur, l'Esprit-Saint* (Jean 14:26) de les appliquer au cœur. Rappelez-vous que la personne qui se repent vraiment n'est jamais satisfaite de sa repentance. Nous ne pouvons pas nous repentir parfaitement, de même que nous ne pouvons pas vivre parfaitement. Quelle que soit la pureté de nos larmes, il y aura toujours un peu de saleté, car nous avons toujours quelque chose à nous reprocher, même dans notre plus grande tristesse ou notre contrition la plus profonde à l'égard du péché.

Mais écoutez! Se repentir revient à changer de pensée par rapport au péché, à Christ et à toutes les innombrables choses relatives à Dieu. La repentance implique de la tristesse, mais l'essentiel est que le cœur se détourne du péché pour se tourner vers Christ. Si ce changement se produit, cela débouche sur la substance d'une vraie repentance, même si aucun cri ni aucun désespoir ne plane sur votre esprit. Si vous ne pouvez pas vous repentir comme vous le devriez, si vous croyez fermement qu'*au temps marqué, Christ est mort pour des impies*, cela vous aidera vraiment à le faire. Méditez sur cela encore et encore. Comment pouvez-vous continuer à avoir le cœur endurci quand vous savez que Christ *est mort pour des impies* en raison de son amour suprême? Laissez-moi vous persuader de raisonner en vous-même de cette manière : aussi impie que je sois, même si mon cœur d'acier ne cède pas, puisqu'il *est mort pour des impies*, il est quand même mort pour des personnes comme moi. Aidez-moi à le croire et à en ressentir la puissance sur mon cœur de pierre.

Effacez toute autre réflexion de votre âme, asseyez-vous avec le Seigneur et méditez profondément sur cette démonstration étonnante d'un amour non mérité, inattendu, inégalé : Christ est mort pour des impies. Relisez attentivement le récit de la mort du Seigneur dans les quatre Évangiles. Si quelque chose peut faire

> La repentance implique de la tristesse, mais l'essentiel est que le cœur se détourne du péché pour se tourner vers Christ.

fondre votre cœur obstiné, ce sont les souffrances de Jésus et le fait qu'il ait souffert tout cela pour ses ennemis.

> *Ô Jésus, douces sont les larmes que je verse,*
> > *Tandis que je me prosterne devant ta croix,*
> *Je contemple ta tête blessée, défaillante,*
> > *Et je ressens toutes tes douleurs.*
>
> *Mon cœur se dissout en voyant ton sang couler,*
> > *Ce cœur si dur auparavant ;*
> *Je t'entends plaider pour les coupables,*
> > *Et le chagrin déborde encore plus.*
>
> *C'est pour les pécheurs que tu es mort,*
> > *Et moi je suis un pécheur ;*
> *Quel amour parle, venant de ton œil mourant,*
> > *Et de chaque main percée !*
> > – Ray Palmer

Si vous comprenez la pleine signification du sacrifice divin de Jésus, vous devez vous repentir de vous opposer à Celui qui est si plein d'amour. Il est écrit : *Et ils tourneront les regards vers moi, celui qu'ils ont transpercé. Ils pleureront sur lui comme on pleure sur un fils unique, ils pleureront amèrement sur lui comme on pleure sur un premier-né* (Zacharie 12:10). La repentance ne vous fera pas voir Christ, mais la vision de Christ vous donnera la repentance. Vous ne pouvez pas créer un Christ à partir de votre repentance, mais vous devez rechercher la repentance qui vous amène à Christ. Lorsque le Saint-Esprit nous amène à Christ, il nous détourne du péché. Détournez votre regard de l'effet vers la cause, de votre repentance vers le Seigneur Jésus qui est exalté dans les cieux pour donner la repentance.

J'ai entendu un autre dire : « Je suis tourmenté par des pensées horribles. Où que j'aille, des blasphèmes me surprennent. Souvent, à mon travail, une suggestion épouvantable s'invite dans mes pensées, et même la nuit, je suis tiré de mon sommeil par des chuchotements du malin. Je ne peux me soustraire à cette horrible tentation. »

Je peux comprendre un tel tourment, car j'ai été chassé par ce loup. Un homme peut tout aussi bien espérer combattre un essaim de mouches avec une épée que maitriser ses pensées lorsqu'elles sont attaquées par le diable. Une pauvre âme tentée et assaillie par des suggestions sataniques est comme un voyageur dont j'ai lu l'histoire et dont la tête, les oreilles et tout le corps étaient attaqués par un essaim d'abeilles en colère. Il ne pouvait ni les repousser ni leur échapper. Elles le piquaient partout et menaçaient de le tuer. Il n'est pas étonnant que vous ayez l'impression de ne pas avoir la force d'arrêter ces pensées horribles et abominables que Satan propage dans votre âme. Je vous rappelle à nouveau l'Écriture qui nous précède : *Car, lorsque nous étions encore sans force, Christ, au temps marqué, est mort pour des impies.* Jésus savait où nous étions et où nous serions. Il a vu que nous ne pouvions pas vaincre le prince de la puissance de l'air. Il savait qu'il nous causerait de grands soucis ; mais même alors, quand il nous a vus dans cet état, Christ *est mort pour des impies.*

Jetez l'ancre de votre foi sur cela. Le diable lui-même ne peut pas vous dire que vous n'êtes pas impie, alors croyez que Jésus est mort pour vous tel que vous êtes.

Souvenez-vous de la façon dont Martin Luther a décapité le diable de son épée :

« Le diable a suggéré à Martin Luther : 'Oh, tu es un pécheur'. »

« Oui », a répondu Luther. « Christ est mort pour sauver les pécheurs. »

C'est ainsi qu'il l'a tranché de son épée. Cachez-vous dans cette connaissance, ce refuge, et restez-y. *Au temps marqué, Christ est mort pour des impies*. Si vous vous en tenez à cette vérité, les pensées blasphématoires que vous n'avez pas la force de chasser disparaitront d'elles-mêmes, parce que Satan verra qu'il n'accomplit rien en vous harcelant avec elles. Si vous détestez ces pensées, c'est parce qu'elles ne sont pas les vôtres, mais qu'elles sont injectées dans votre pensée par le diable. Dans ce cas, c'est lui qui est responsable et non vous. Si vous luttez contre elles, elles ne vous appartiennent pas plus

> Confiez-vous à lui, vos pensées et tout, et vous verrez s'il n'est pas assez puissant pour vous sauver.

que les injures et les mensonges des émeutiers dans la rue. Le diable veut vous pousser au désespoir par de telles pensées ou du moins vous empêcher de faire confiance à Jésus.

La pauvre femme malade n'a pas pu venir à Jésus à cause de la pression de la foule (Marc 5:24-29), et vous êtes dans la même situation lorsque la foule de ces pensées terribles vous presse. Pourtant, elle a avancé son doigt et touché le bord du vêtement du Seigneur, et elle a été guérie. Faites de même. Jésus est mort pour ceux qui sont coupables de *toutes sortes de péchés et de blasphèmes.* Sur la base de cette vérité, je suis sûr qu'il ne rejettera pas ceux qui sont malgré eux captifs de mauvaises pensées. Confiez-vous à lui, vos pensées et tout, et vous verrez s'il n'est pas assez puissant pour vous sauver. Il peut faire taire ces horribles chuchotements du diable, ou vous permettre de les voir sous leur vrai jour, afin que cela ne vous gêne plus. À sa manière, il peut vous sauver et il le fera, et après un certain temps, il vous donnera une paix profonde. Ne vous confiez qu'à lui dans cette situation et pour tout le reste.

Cette forme d'incapacité qui réside dans un manque supposé de pouvoir de croire nous laisse tristement perplexes, car ce cri ne nous est pas étranger :

> *Oh, si je pouvais croire,*
> *Alors tout serait facile;*
> *Je voudrais, mais je ne peux pas; Seigneur, soulage,*
> *C'est de toi que doit venir mon secours.*

Beaucoup de gens restent dans l'obscurité spirituelle pendant des années parce qu'ils disent qu'ils n'ont pas de pouvoir, cependant, ils doivent abandonner tout leur pouvoir et se confier au pouvoir d'un autre : le Seigneur Jésus.

La question de la croyance est très curieuse, parce que les gens ne reçoivent pas plus d'aide en *essayant* de croire. On ne croit pas en essayant. Si une personne faisait une déclaration sur quelque chose qui s'est passé aujourd'hui, je ne lui dirais pas que j'essaierais de la croire. Si je croyais en la fidélité de l'homme qui m'a raconté l'incident qu'il a vu, je le croirais sur parole. Si je n'ai pas l'assurance de son honnêteté, je ne le croirais pas, mais il ne s'agirait pas d'essayer de le croire. Or, lorsque Dieu déclare qu'il y a un salut en Jésus-Christ, je dois, soit le croire tout court, soit le traiter de menteur. Vous n'hésiterez certainement pas à choisir la bonne voie dans ce cas. Le témoignage de Dieu doit être vrai, et nous sommes tenus de croire en Jésus lorsque nous entendons cette vérité.

Peut-être avez-vous trop essayé de croire. Ne cherchez pas à avoir une grande foi, mais contentez-vous d'avoir une foi que vous pouvez tenir dans votre main avec cette seule vérité : *Car, lorsque nous étions encore sans force, Christ, au temps marqué, est mort pour des impies.* Il a donné sa vie pour nous alors que nous ne croyions pas encore en lui et que nous n'avions pas la capacité de croire en lui. Il est mort pour nous, non pas lorsque nous étions croyants, mais lorsque nous étions pécheurs. Il est venu faire des pécheurs des croyants et des saints, mais lorsqu'il est mort pour nous, il savait que nous étions totalement sans force.

Si vous vous en tenez à la vérité selon laquelle Christ est mort pour des impies et que vous y croyez, votre foi vous sauvera et vous serez en paix. Si vous confiez votre âme à Jésus, qui est mort pour des impies, même si vous ne pouvez pas tout croire, ni déplacer des montagnes, ni faire d'autres choses semblables, vous êtes quand même sauvé. Ce n'est pas tant la taille de la foi, mais bien son authenticité qui sauve, et le salut ne réside pas dans la foi, mais en Christ en qui la foi se confie. Une foi semblable à un grain de sénevé apportera le salut (Matthieu 17:20). Ce n'est pas la mesure de la foi, mais la sincérité de la foi qui est à considérer. Une personne peut certainement croire ce qu'elle sait être vraie, et comme vous savez que Jésus est vrai, vous, mon ami, pouvez croire en lui.

La croix qui est l'objet de la foi en est aussi, par la puissance du Saint-Esprit, la cause. Asseyez-vous et regardez le Sauveur agonisant jusqu'à ce que la foi jaillisse spontanément de votre cœur. Aucun endroit ne crée la confiance comme le Calvaire. L'air de cette colline sacrée raffermit la foi chancelante. Bon nombre de ceux qui regardent la croix ont déclaré :

> *Je te vois blessé, souffrant,*
> *Sur l'arbre maudit, haletant,*
> *[Avec joie], je sens mon cœur croire,*
> *Que tu as souffert*
> *ainsi pour moi.*

Une autre personne dit : « Malheureusement, mon manque de force réside dans mon incapacité à abandonner mon péché, et je sais que je ne peux pas aller au ciel et porter mon péché avec moi. »

Je suis heureux que vous le sachiez, car c'est vrai.

Vous devez être divorcé de votre péché, sinon, vous ne pouvez pas être marié à Christ.

Vous devez être divorcé de votre péché, sinon, vous ne pouvez pas être marié à Christ. Alors qu'il se trouvait sur le terrain de jeu un jour de sabbat, une question a traversé l'esprit du jeune John Bunyan : « Vas-tu t'accrocher à tes péchés et aller en enfer, ou vas-tu abandonner tes péchés et aller au ciel ? » Cette question l'a immobilisé. C'est une question à laquelle nous devons tous répondre, car nous ne pouvons pas continuer à pécher et aller au paradis. Il faut cesser de pécher ou cesser d'espérer. Quelle est votre réponse ? « Oui, je le veux bien, *j'ai la volonté, mais non le pouvoir de faire le bien* (Romains 7:18). Le péché me domine, et je n'ai pas de force. » Même si vous n'avez pas de force, rappelez-vous que ce verset reste vrai, car *lorsque nous étions encore sans force, Christ, au temps marqué, est mort pour des impies.* Pouvez-vous encore y croire même si d'autres éléments semblent le contredire ? La vraie question est de savoir si vous y croirez.

Dieu l'a dit et c'est un fait. Par conséquent, accrochez-vous à cette vérité et ne la lâchez pas, car votre seul espoir réside dans la vérité de Dieu. Croyez cela – faites confiance à Jésus, et vous trouverez bientôt le pouvoir de tuer votre péché ; mais en dehors de lui, l'homme fort armé (le diable) vous tiendra en esclavage pour toujours.

Personnellement, je n'aurais jamais pu vaincre le péché par moi-même. J'ai essayé et j'ai échoué. Mes penchants pour le mal étaient trop nombreux jusqu'à ce que, grâce à la croyance que Christ est mort pour moi, je jette mon âme coupable sur lui. Ce faisant, j'ai reçu une vérité conquérante qui m'a permis de vaincre mon moi pécheur. La doctrine de la croix peut être utilisée pour tuer le péché de la même manière que les anciens guerriers utilisaient leurs énormes épées à deux mains et fauchaient leurs ennemis à chaque coup. Il n'y a rien de tel que la foi en Jésus, car elle triomphe de tout mal. Si Christ est mort pour moi, impie et sans force que je suis, alors je ne peux plus vivre dans le péché, mais je dois me réveiller pour aimer et servir Celui qui m'a racheté (Galates 3:13-14). Je ne peux pas flirter avec le mal qui a tué mon meilleur ami, Jésus. Je dois être saint pour lui, car comment puis-je vivre dans le péché alors qu'il est mort pour m'en sauver ?

Voyez quelle aide merveilleuse cela procure à ceux qui sont sans force, de savoir et de croire qu'*au temps marqué, Christ est mort pour des impies* comme vous. Avez-vous déjà accepté cette connaissance ?

Il est difficile pour nos esprits obscurcis, pleins de préjugés et incrédules de voir le cœur de l'Évangile (Éphésiens 4:18). Parfois, pendant que je prêchais, je pensais avoir exposé l'Évangile avec tellement de clarté qu'il ne pouvait pas être plus simple. Pourtant, j'ai senti que même des auditeurs intelligents n'arrivaient pas à comprendre ce que signifiait *Tournez-vous vers moi, et vous serez sauvés* (Ésaïe 45:22). Les convertis disent souvent qu'ils n'ont connu l'Évangile qu'à tel ou tel moment, alors qu'ils l'ont entendu depuis des années. L'Évangile est inconnu, non par manque d'explication, mais par manque de révélation personnelle. Le Saint-Esprit est prêt à donner cette révélation à ceux qui la lui demandent, et lorsqu'elle est donnée, la somme totale de la vérité est révélée dans ces mots : Christ est mort pour des impies.

Un autre regret que j'entends souvent est le suivant : « Ma faiblesse est qu'une fois que je suis impressionné par la Parole le dimanche, je ne semble pas m'en tenir à ce point de vue. Tout au long de la semaine, je rencontre un mauvais compagnon et mes bons sentiments disparaissent. Mes collègues ne croient en rien et disent des choses tellement terribles que je ne sais pas comment leur répondre. Je me retrouve donc déboussolé. »

Je comprends très bien l'adaptation à de nouvelles situations comme celle-ci, et je tremble pour de telles personnes. En même temps, si une telle personne est vraiment sincère, sa faiblesse peut être renforcée par la grâce divine. Le Saint-Esprit peut chasser le mauvais esprit de peur de l'homme et rendre courageux le lâche. Vous ne devez pas rester dans cet état de vacillement, car cela ne vous servirait à rien d'avoir si peu d'estime de vous-même. Redressez-vous et regardez-vous bien. Êtes-vous fait pour être comme un crapaud sous la herse, craignant pour votre vie, que vous bougiez ou que vous restiez immobile ? N'êtes-vous pas capable d'avoir une opinion ou de mener une action indépendante ?

> Le Saint-Esprit peut chasser le mauvais esprit de peur de l'homme et rendre courageux le lâche.

J'initierais beaucoup de choses pour faire plaisir à mes amis, mais aller en enfer pour leur faire plaisir, c'est plus que ce que j'offrirais ou ce que je ferais volontiers. Si cela peut nous permettre de rester en bons termes avec nos semblables, cela ne vaut pas la peine de perdre l'amitié de Dieu. Un homme qui lutte avec cette idée peut déclarer : « Je le sais, mais même si je le sais, je n'arrive pas à trouver le courage, je n'arrive pas à tenir bon. » Je vous propose à nouveau le même verset. *Car, lorsque nous étions encore sans force, Christ, au temps marqué, est mort pour des impies.* Si Pierre était ici, il dirait : « Le Seigneur Jésus est mort pour moi, alors que j'étais une créature si pauvre et si faible que la servante qui gardait le feu m'a poussé à mentir et à jurer que je ne connaissais pas le Seigneur » (Marc 14:66-72).

Oui, Jésus est mort pour ceux qui l'ont abandonné et qui ont fui. Saisissez fermement cette vérité selon laquelle Christ est mort pour des impies alors qu'ils étaient encore sans force. C'est le moyen de sortir de votre lâcheté. Que cette phrase soit gravée dans votre âme : « Christ est mort pour moi », et vous serez bientôt prêt à mourir pour lui. Croyez-le. Il a souffert à votre place et a offert une rançon complète, véritable et satisfaisante pour vous (1 Corinthiens 6:20). Si vous croyez à cela, vous serez forcé de sentir que vous ne pouvez pas avoir honte de celui qui est mort pour vous.

La pleine conviction que cela est vrai vous donnera un courage inébranlable. Regardez les croyants de l'Église primitive, lorsque cette grande idée de l'amour démesuré de Christ était vibrante et fraiche dans l'Église. Les gens n'étaient pas seulement prêts à mourir, mais ils étaient aussi déterminés à souffrir et se présentaient même par centaines au tribunal des chefs, confessant Christ. Je ne dis pas qu'ils étaient sages de s'exposer à une mort cruelle, mais cela prouve que le sentiment de l'amour de Jésus élève l'esprit au-dessus de toute crainte de ce que l'homme peut nous faire. Pourquoi cela ne produirait-il pas le même effet en vous ? Je prie pour que cela inspire en vous une résolution courageuse de vous montrer du côté du Seigneur et d'être son disciple jusqu'à la fin.

Que le Saint-Esprit nous aide à venir par la foi au Seigneur Jésus, et ainsi, tout ira bien.

Chapitre 10

L'augmentation de la foi

Comment pouvons-nous augmenter notre foi ? C'est une question sincère que se posent de nombreuses personnes, notamment les apôtres (Luc 17:5). Les gens veulent croire, mais n'y arrivent pas. Comme il y a beaucoup d'absurdités sur ce sujet, alors soyons pragmatiques dans notre démarche. Le bon sens est nécessaire en religion comme partout ailleurs. Commençons donc par la question : « Que dois-je faire pour croire ? »

Quelqu'un à qui l'on demandait quelle était la meilleure façon d'accomplir un acte simple a répondu que la meilleure façon c'était de l'accomplir tout de suite. Nous perdons du temps à discuter des méthodes alors que l'action est simple. Le chemin le plus court pour croire est de croire. Si le Saint-Esprit vous a rendu ouvert, vous croirez dès que la vérité vous sera présentée. Vous croirez parce que c'est vrai. Le commandement de l'Évangile est clair. *Crois au Seigneur Jésus, et tu seras sauvé, toi et ta famille* (Actes 16:31). Il est inutile de s'y soustraire par des questions et des critiques, car l'ordre est clair. Il faut donc s'y conformer.

Si vous avez des difficultés, restez tranquille et présentez ces difficultés à Dieu dans la prière (Psaume 46:10). Dites au grand Dieu exactement ce qui vous intrigue et demandez-lui de résoudre la question par son Saint-Esprit. Si je ne peux pas croire une affirmation contenue dans un livre, je me réfère volontiers à l'auteur pour lui demander ce qu'il veut dire. S'il est sincère, son explication me satisfera. Combien plus l'explication divine des points difficiles de l'Écriture satisfera-t-elle le cœur d'un chercheur sincère ? Le Seigneur est prêt à se faire connaitre. Allez à lui et voyez s'il n'en est pas ainsi. Retirez-vous immédiatement dans votre lieu de prière et criez : « Saint-Esprit, conduis-moi dans la vérité. Ce que je ne sais pas, tu me l'enseignes. »

> Si vous avez des difficultés, restez tranquille et présentez ces difficultés à Dieu dans la prière.

En outre, si la foi semble difficile, il est possible que le Saint-Esprit vous permette de croire si vous entendez fréquemment et sérieusement ce qu'on vous ordonne de croire. Nous croyons beaucoup de choses parce que nous les avons entendues si souvent. N'est-ce pas le cas dans la vie de tous les jours ? Si vous entendez quelque chose cinquante fois par jour, ne finissez-vous pas par y croire ?

Certaines personnes en sont venues à croire des affirmations très invraisemblables de cette manière. Je ne m'étonne donc pas que le bon Esprit bénisse souvent cette méthode d'écoute fréquente de la vérité et l'utilise pour faire naitre la foi concernant ce qu'il faut croire. Il est écrit : *la foi vient de ce qu'on entend* (Romains 10:17) ; par conséquent, exercez souvent l'écoute. Si j'écoute sincèrement et attentivement l'Évangile, un jour ou l'autre je me surprendrai à croire ce que j'entends, par l'action bénie de l'Esprit de Dieu sur mon esprit. Assurez-vous seulement d'entendre l'Évangile, et ne laissez pas votre esprit se distraire en écoutant ou en lisant des choses destinées à vous faire chanceler ou trébucher.

Ensuite, je vous recommande aussi de considérer le témoignage des autres. Les Samaritains ont cru grâce à ce que la femme au puits leur avait dit au sujet de Jésus. Beaucoup de nos croyances découlent du témoignage d'autres personnes. Je crois que le Japon existe, même si je ne l'ai jamais vu. J'y crois parce que d'autres y sont allés. Je crois que je vais mourir, même si je ne suis jamais mort, parce qu'un grand nombre de personnes que j'ai connues ont vécu cette expérience. J'ai donc la conviction que je mourrai aussi. Le témoignage de nombreuses personnes me convainc de ce fait.

De même, écoutez ceux qui vous racontent comment ils ont été sauvés, comment ils ont été graciés, comment leur caractère a changé. Si vous cherchez bien, vous trouverez quelqu'un comme vous qui a été sauvé. Si vous avez vécu comme un voleur, vous trouverez un voleur qui s'est réjoui de laver son péché dans la fontaine du sang de Christ. Si vous avez mené une vie immorale, vous découvrirez que des hommes et des femmes qui sont tombés dans cette voie sont désormais purifiés et changés. Si vous êtes déprimé, il suffit de vous renseigner un peu auprès des enfants de Dieu et vous découvrirez des croyants qui ont lutté contre la dépression de la même manière à certains moments, et ils seront heureux de vous dire comment le Seigneur les en a délivrés. En écoutant l'un après l'autre les récits de ceux qui ont essayé la Parole de Dieu et l'ont éprouvée, l'Esprit divin vous amènera à croire.

Avez-vous entendu parler de l'Africain à qui le missionnaire avait dit que l'eau devenait parfois si dure qu'un homme pouvait marcher dessus ? L'Africain a déclaré qu'il croyait beaucoup de choses que le missionnaire lui disait, mais qu'il ne croirait jamais cela. Lorsqu'il est arrivé en Angleterre, pendant un temps glacial, il a vu la rivière gelée, mais n'a pas voulu s'y aventurer. Il savait que la rivière était profonde et il était certain qu'il se noierait s'il osait s'y engager. Il n'a pu se laisser convaincre de marcher sur l'eau gelée qu'après que son ami et beaucoup d'autres l'ont fait. En voyant les autres s'aventurer en toute sécurité sur la glace, il s'est laissé convaincre et a cru qu'il pouvait faire de même. Ainsi, en voyant d'autres personnes croire en l'Agneau de Dieu et en étant témoins de leur joie et de leur paix, vous serez progressivement amené à croire. L'expérience des autres est l'une des façons dont Dieu nous aide à croire. Soit vous croyez en Jésus et vous recevez la vie, soit vous restez spirituellement mort dans votre péché. Il n'y a d'espoir pour vous qu'en lui.

> **Soit vous croyez en Jésus et vous recevez la vie, soit vous restez spirituellement mort dans votre péché.**

Voici une idée encore meilleure : prenez note de l'autorité par laquelle on vous ordonne de croire et cela vous aidera considérablement à croire. L'autorité n'est pas la mienne, sinon vous pourriez tout aussi bien la rejeter, mais il vous est ordonné de croire en l'autorité de Dieu lui-même. Il vous dit de croire en Jésus-Christ (Actes 16:31), et vous ne devez pas refuser d'obéir à votre Créateur.

Le contremaitre d'une entreprise avait souvent entendu l'Évangile, mais il était inquiet à l'idée de ne pas connaitre vraiment Christ. Un jour, il a reçu un mot de son bon patron qui disait : « Venez chez moi immédiatement après le travail. » Le contremaitre s'est présenté à la porte de son patron, qui est sorti et lui a dit un peu brutalement : « Que voulez-vous, John, me déranger à cette heure-ci ? Le travail est terminé ; qui vous a donné le droit de venir ici ? »

« Monsieur, » a-t-il dit, « j'ai reçu une carte de votre part disant que je devais venir ici après le travail. »

« Voulez-vous dire que parce que vous avez reçu une carte de ma part, vous avez le droit de venir chez moi et de m'appeler en dehors des heures de bureau ? »

« Je ne comprends pas ce que vous voulez dire. », a répondu le contremaitre. « Il me semble que, puisque vous m'avez convié à venir, j'avais le droit de venir. »

« Entrez, John. », lui a dit son patron. « Il y a un autre message que je voudrais te lire. » Les deux hommes sont entrés et se sont assis pour lire ces paroles tirées de la Bible : *Venez à moi, vous tous qui êtes fatigués et chargés, et je vous donnerai du repos* (Matthieu 11:28). Son patron l'a regardé et lui a dit : « Pensez-vous qu'après un tel message de Christ, vous puissiez vous tromper en venant à lui ? » Le pauvre contremaitre l'a vu instantanément et a cru au Seigneur Jésus pour la vie éternelle, parce qu'il a enfin compris qu'il avait de bonnes raisons et une autorité lui permettant de croire. Il en va de même pour vous. Vous avez une bonne raison de venir à Christ, parce que le Seigneur lui-même vous dit de lui faire confiance.

Si cela ne suscite pas en vous la foi, réfléchissez à ce que vous devez croire : que le Seigneur Jésus-Christ a souffert à la place des pécheurs et qu'il est capable de sauver tous ceux qui mettent en lui leur confiance. C'est le fait le plus béni qu'on ait demandé aux gens de croire. C'est la vérité la plus agréable, la plus réconfortante, la plus divine jamais présentée à des esprits mortels. Je vous conseille d'y réfléchir longuement et de rechercher la grâce et l'amour qu'elle renferme. Étudiez les quatre Évangiles, étudiez les épitres de Paul, et voyez si le message n'est pas suffisamment crédible pour que vous y croyiez.

Si ce n'est pas le cas, pensez à la personne de Jésus-Christ. Pensez à qui il est, à ce qu'il a fait, à l'endroit où il se trouve et à ce qu'il est. Comment pouvez-vous douter de lui ? C'est n'avoir pas de cœur que de ne pas faire confiance à Jésus, qui est toujours véridique. Il n'a rien fait pour mériter la méfiance. Au contraire, il devrait être facile pour nous de lui faire confiance. Pourquoi le crucifier à nouveau par l'incrédulité ? N'est-ce pas comme le couronner

> **Ne demandez pas : « Comment puis-je croire ? » Demandez-vous plutôt : « Comment puis-je ne pas croire ? »**

d'épines et cracher à nouveau sur lui ? Pourquoi ne pas lui faire confiance ? Les soldats ont fait de lui un martyr, mais vous, par votre incrédulité, vous faites de lui un menteur ; c'est bien pire encore. Ne demandez pas : « Comment puis-je croire ? » Demandez-vous plutôt : « Comment puis-je ne pas croire ? »

Si rien de tout cela ne vous amène à la vérité, c'est que quelque chose ne va pas du tout. Mon dernier conseil est que vous vous soumettiez à Dieu. Vous êtes un rebelle, un rebelle orgueilleux, et c'est pourquoi vous ne croyez pas en votre Dieu. Les préjugés ou l'orgueil sont à la base de votre incrédulité. Que l'Esprit de Dieu enlève votre opposition à lui et vous amène à vous soumettre à Dieu. Abandonnez votre rébellion, jetez vos défenses, cédez votre volonté et abandonnez-vous à votre Roi. Lorsqu'une âme lève les mains en signe de désespoir et s'écrie : « Seigneur, je me soumets », très vite, la foi devient facile.

Vous ne pouvez pas croire parce que vous vous battez encore contre Dieu et vous êtes obstiné à faire valoir votre volonté et à suivre votre voie. Christ a déclaré : *Comment pouvez-vous croire, vous qui tirez votre gloire les uns des autres ?* (Jean 5:44). L'orgueil engendre l'incrédulité. Soumettez-vous à votre Dieu et vous croirez agréablement en votre Sauveur. Je prie le Saint-Esprit d'agir secrètement, mais efficacement en vous, et de vous amener en ce moment même à croire au Seigneur Jésus. Amen.

Chapitre 11

La régénération et le Saint-Esprit

*S*i un homme ne nait de nouveau, il ne peut voir le *royaume de Dieu* (Jean 3:3). Cette parole de notre Seigneur Jésus apparait comme une flamme qui bloque le chemin de beaucoup, comme l'épée dégainée du chérubin à la porte du paradis (Genèse 3:24). Ces personnes ont désespéré, car ce changement dépasse tout ce qu'elles peuvent faire par leurs propres moyens. La nouvelle naissance vient d'en haut et ne relève par conséquent pas du pouvoir de l'homme. Il n'est pas question pour moi de nier ou de dissimuler une vérité, afin de créer un faux sentiment de confort. Je ne conteste pas le fait que la nouvelle naissance est surnaturelle et qu'elle ne peut être obtenue par les efforts du pécheur. Si j'avais la malice d'essayer de vous réconforter en vous persuadant de rejeter ou d'oublier ce qui est incontestablement vrai, cette aide serait viciée.

N'est-il pas remarquable que le chapitre même dans lequel notre Seigneur fait cette déclaration radicale contienne également la déclaration la plus explicite sur le salut par la foi ? Lisez le troisième chapitre de l'Évangile selon Jean et ne vous arrêtez pas aux premières phrases. Il est vrai que le troisième verset dit : *Jésus lui répondit : en vérité, en vérité, je te le dis, si un homme ne nait de nouveau, il ne peut voir le royaume de Dieu.* Les quatorzième et quinzième versets poursuivent en disant : *Et comme Moïse éleva le serpent dans le désert, il faut de même que le Fils de l'homme soit élevé ; afin que quiconque croit en lui ait la vie éternelle.* Le verset 18 reprend la même doctrine dans les termes les plus larges :

> *Celui qui croit en lui n'est point jugé ; mais*
> *celui qui ne croit pas est déjà jugé, parce*
> *qu'il n'a pas cru au nom du Fils unique de*
> *Dieu.*

Il est clair que ces deux déclarations doivent concorder, puisqu'elles ont été faites par la même personne et qu'elles sont consignées dans le même chapitre inspiré. Pourquoi créer une difficulté là où il n'y en a pas ? Si une déclaration nous assure de la nécessité du salut comme quelque chose que seul Dieu peut donner, et si une autre nous assure que le Seigneur nous sauvera si nous croyons en Jésus, alors nous pouvons conclure en toute sécurité que le Seigneur accordera à ceux qui croient tout ce qui est déclaré être essentiel au salut. En fait, le Seigneur produit la nouvelle naissance chez tous ceux qui croient en Jésus, et le fait qu'ils croient est la preuve la plus sûre qu'ils sont nés de nouveau.

Nous faisons confiance à Jésus, car nous sommes incapables de le faire nous-mêmes. Si cela était en notre pouvoir, qu'aurions-nous besoin de nous tourner vers lui ? Il nous revient de croire, et il revient au Seigneur de faire de nous de nouvelles créatures. Il ne croira pas à notre place, et il ne nous incombe pas de réaliser l'œuvre de régénération. Il nous suffit d'obéir au commandement suivi de la grâce, et c'est au Seigneur d'opérer la nouvelle naissance en nous (Philippiens 2:13). Celui qui est allé jusqu'à mourir sur la croix pour nous peut nous donner et nous donnera tout ce dont nous avons besoin pour notre sécurité éternelle.

Un changement de cœur salvateur est l'œuvre du Saint-Esprit (Tite 3:5), n'essayez donc pas de le remettre en question ou ne l'oubliez pas. L'œuvre du Saint-Esprit est secrète et mystérieuse et ne peut être perçue que par ses résultats. Le mystère de notre naissance naturelle peut susciter une curiosité profane à vouloir le sonder, et cela l'est encore plus dans le cas des œuvres sacrées de l'Esprit de Dieu. *Le vent souffle où il veut, et tu en entends le bruit ; mais tu ne sais d'où il vient, ni où il va. Il en est ainsi de tout homme qui est né de l'Esprit* (Jean 3:8). Nous savons que l'œuvre mystérieuse du Saint-Esprit ne peut pas être une raison pour refuser de croire en Jésus dont ce même Esprit rend témoignage.

> Un changement de cœur salvateur est l'œuvre du Saint-Esprit.

Par exemple, si l'on demandait à une personne de semer des graines dans un champ et qu'elle ne le faisait

pas, elle ne pourrait pas justifier sa négligence en disant :
« Il serait inutile de semer si Dieu ne faisait pas pousser
la graine. » En d'autres termes, il ne serait pas justifié
de ne pas labourer, car l'énergie secrète de Dieu seule
peut créer une récolte.

Rien n'empêche quiconque de mener une vie normale.
L'Écriture déclare que si le Seigneur ne bâtit la maison,
c'est en vain qu'on travaille pour la construire, mais
remarquez qu'on travaille tout de même (Psaume 127:1).
Ceux qui croient en Jésus constateront que le Saint-
Esprit ne refuse jamais d'agir en eux. En effet, le fait
de croire est la preuve que l'Esprit est déjà à l'œuvre
dans son cœur.

Dieu travaille dans la providence, préparant l'avenir,
mais ce n'est pas parce qu'il le fait que les gens doivent
rester inactifs et passifs. Sans la puissance divine de Dieu
qui leur donne vie et force, ils ne pourraient pas bouger ;
et pourtant, ils poursuivent leur chemin sans tenir compte de la puissance qu'il leur accorde jour après jour : celui dans la main duquel se trouvent leur souffle et toutes leurs voies. Il en va de même de la grâce. Nous nous repentons et nous croyons, mais si le Seigneur ne nous habilitait pas, nous ne pourrions rien faire. Nous abandonnons le péché et faisons confiance à Jésus, et nous reconnaissons alors que *c'est Dieu qui produit en vous le vouloir et le faire, selon son bon plaisir* (Philippiens 2:13). Il est inutile de prétendre qu'il existe une réelle difficulté à le faire.

> L'Écriture déclare que si le Seigneur ne bâtit la maison, c'est en vain qu'on travaille pour la construire, mais remarquez qu'on travaille tout de même.

Certaines vérités difficiles à expliquer par des mots sont assez simples dans l'expérience réelle. Il n'y a pas de contradiction entre la vérité que le pécheur croit et la foi qui agit en lui par le Saint-Esprit. Seule la folie peut conduire les gens à s'embrouiller sur des questions simples alors que leur âme est en péril. Personne ne refuserait de monter dans un canot de sauvetage parce qu'il ne comprend pas le poids précis des corps. De même, un homme affamé ne refuserait pas de manger s'il ne comprenait pas tout le processus de la nutrition.

Si vous devez attendre de comprendre tous les mystères de la foi pour croire, vous ne serez jamais sauvé. Si vous laissez des difficultés inventées par vous-même vous empêcher d'accepter le pardon de votre Seigneur et Sauveur, vous mourrez condamné, ce qui sera totalement mérité. Ne vous suicidez pas spirituellement en vous passionnant pour les discussions sur les subtilités abstraites.

Chapitre 12

Je sais que mon Rédempteur vit

Je n'ai cessé de vous parler du Christ crucifié, qui est la grande espérance des coupables, mais il est bon de se rappeler que notre Seigneur est ressuscité des morts et qu'il vit éternellement. On ne vous demande pas de faire confiance à un Jésus mort, mais à celui qui, bien que mort pour nos péchés, est ressuscité pour notre justification. Vous pouvez aller vers Jésus comme vers un ami vivant et présent. Il n'est pas seulement un souvenir, mais une personne continuellement présente qui entendra et répondra à vos prières. Il vit intentionnellement pour poursuivre l'œuvre pour laquelle il a donné sa vie. Il intercède pour les pécheurs à la droite du Père et, pour cette raison, il est capable de sauver ceux qui viennent à Dieu par lui. Venez faire l'expérience de ce Sauveur vivant, si vous ne l'avez jamais fait auparavant.

Ce Jésus vivant est également élevé à une gloire et à une puissance renommées. Il ne se lamente pas, ne souffre pas comme un homme humble devant ses ennemis et ne travaille pas comme le fils d'un charpentier. Au contraire, il est exalté *au-dessus de toute domination, de toute autorité, de toute puissance, de toute dignité, et de tout nom qui se peut nommer* (Éphésiens 1:21). Le Père lui a conféré tout pouvoir dans les cieux et sur la terre, et il exerce cet attribut important dans l'accomplissement de son œuvre de grâce. Écoutez ce que Pierre et les autres apôtres ont déclaré à son sujet devant le souverain sacrificateur et le sanhédrin :

> *Le Dieu de nos pères a ressuscité Jésus, que vous avez tué, en le pendant au bois. Dieu l'a élevé à sa droite comme Prince et Sauveur, pour donner à Israël la repentance et le pardon des péchés.* (Actes 5:30-31)

La gloire qui entoure le Seigneur élevé devrait insuffler l'espoir dans le cœur de chaque croyant. Jésus n'est pas une personne ordinaire, c'est le Sauveur et le grand Sauveur. Il est le Rédempteur couronné et intronisé des hommes. Le droit souverain de vie et de mort lui est dévolu. Le Père l'a établi Médiateur pour tous les peuples, sous le gouvernement médiateur du Fils, afin qu'il puisse faire vivre qui il veut. Il est *celui qui ouvre, et personne ne fermera, celui qui ferme, et personne n'ouvrira* (Apocalypse 3:7). L'âme qui est liée par les cordes du péché et de la condamnation peut être déliée par sa Parole en un instant. Il étend la puissance de la vérité et quiconque la touche vit. Il est bon pour nous que, tout comme le péché, la chair et le diable vivent, Jésus vive. Il est également bon de savoir que, quel que soit le pouvoir qu'ils ont de nous ruiner, Jésus a un pouvoir encore plus grand de nous sauver.

Toute sa gloire et sa capacité sont en notre faveur. Il est glorifié « pour être » et « pour donner ». Il est glorifié pour être Prince et Sauveur, afin de pouvoir donner tout ce qui est nécessaire pour accomplir le salut de tous ceux qui se soumettent à son autorité. Jésus ne retient rien, il n'y a rien qu'il ne veuille utiliser pour le salut d'un pécheur et rien qu'il ne veuille utiliser pour manifester sa grâce débordante. Il lie son statut de Prince à son rôle de Sauveur, comme s'ils étaient indissociables. Il établit son ascension, qui est destinée à apporter des bénédictions aux hommes, comme si elle était la fleur et la couronne de sa gloire. Y a-t-il quelque chose de mieux calculé pour susciter l'espoir des pécheurs en quête de Christ ?

Jésus a subi une grande humiliation. C'est pour cette raison qu'il a pu être élevé. Par cette humiliation, il a accompli et supporté toute la volonté du Père et a été récompensé en étant élevé dans la gloire. Il utilise cette ascension en faveur de son peuple.

> Nous avons un ami dans le royaume de Dieu, un ami sur le trône.

Levez les yeux vers ces montagnes de gloire, d'où doit venir votre secours (Psaume 121:1). Contemplez les hautes gloires du Prince et Sauveur. N'est-il pas très prometteur pour les gens qu'un homme soit maintenant sur le trône de l'univers ? N'est-il pas glorieux que le Seigneur de tous soit le Sauveur des pécheurs ? Nous avons un ami dans le royaume de Dieu, un ami sur le trône. Il usera de toute son influence pour secourir ceux qui lui confient leurs soucis. L'un de nos poètes, Isaac Watts, le chante bien dans l'hymne «Il vit toujours pour intercéder devant le visage de son Père» :

> *Il vit toujours pour intercéder*
> > *Devant le visage de son Père :*
> *Donne-lui, mon âme,*
> > *Ta cause à plaider,*
> *Ne doute pas de la grâce du Père.*

Cher ami, confiez votre cause et votre dossier à ces mains jadis percées, qui sont aujourd'hui glorifiées par les anneaux du pouvoir et de l'honneur royaux. Aucune affaire n'a jamais échoué lorsqu'elle a été confiée à ce grand avocat.

Chapitre 13

La repentance est indissociable du pardon

Il ressort clairement des versets que nous avons déjà examinés que la repentance est liée au pardon des péchés. En Actes 5:31, nous lisons que Jésus a été *élevé… comme Prince et Sauveur, pour donner à Israël la repentance et le pardon des péchés.* Ces deux bénédictions proviennent de cette main sacrée, autrefois clouée sur la croix, mais aujourd'hui ressuscitée dans la gloire. La repentance et le pardon sont liés par le dessein éternel de Dieu. *Que dirons-nous donc? Demeurerions-nous dans le péché, afin que la grâce abonde ? Loin de là ! Nous qui sommes morts au péché, comment vivrions-nous encore dans le péché ?* (Romains 6:1-2).

La repentance ne doit pas être dissociée du pardon. Si vous y réfléchissez un peu, vous verrez que c'est cela. Le pardon du péché ne peut pas être accordé à un pécheur non repentant. Cela le conforterait dans sa mauvaise voie et lui apprendrait à ne pas penser qu'il fait mal. Si le Seigneur disait : « Tu aimes le péché et tu vis dans le péché, et tu vas de mal en pis, mais quand même, je te pardonne. », cela proclamerait une horrible liberté pour la méchanceté. Les fondements de l'ordre social seraient éliminés et le désordre moral s'ensuivrait. Je ne peux pas commencer à vous dire quels innombrables méfaits se produiraient certainement si la repentance pouvait être séparée du pardon et si l'on pouvait passer à côté du péché tandis que le pécheur y resterait plus attaché que jamais.

Il va sans dire que si nous croyons en la sainteté de Dieu, mais continuons à pécher de façon impénitente, nous n'obtiendrons pas le pardon, mais récolterons le fruit de notre obstination. Dieu, dans sa bonté infinie, a promis que si nous abandonnons nos péchés et les confessons, et si nous acceptons par la foi la grâce offerte en Jésus-Christ, Dieu se montrerait fidèle et juste pour nous pardonner nos péchés et nous purifier de toute injustice (1 Jean 1:9). Tant que Dieu est vivant, il ne peut y avoir de promesse de miséricorde pour ceux qui persistent dans leur mauvaise voie et refusent de reconnaitre leurs fautes. Aucun rebelle ne peut s'attendre à ce que le roi lui pardonne sa trahison tant qu'il manifeste une révolte ouverte. Personne ne peut être assez fou pour imaginer que le juge de toute la terre éloigne nos péchés si nous refusons de les éloigner nous-mêmes.

> Aucun rebelle ne peut s'attendre à ce que le roi lui pardonne sa trahison tant qu'il manifeste une révolte ouverte.

La plénitude de la miséricorde divine doit agir de la même manière. Une miséricorde qui pardonnerait le péché tout en laissant le pécheur vivre en lui serait limitée et superficielle. Ce serait une miséricorde pervertie et insatisfaisante. Quel est, selon vous, le plus grand bienfait : la purification de la culpabilité du péché ou la délivrance du pouvoir du péché ? Je n'essaierai pas de mettre sur la balance deux miséricordes aussi extraordinaires l'une que l'autre. Ni l'une ni l'autre ne pourrait nous être accordée sans le Précieux Sang de Jésus. S'il faut établir une comparaison, il me semble que la délivrance de la domination du péché, le fait de devenir saint, de ressembler à Dieu, doit être considéré comme la plus grande des deux. Être pardonné relève d'une faveur inestimable.

Nous en faisons l'une des premières notes de notre psaume de louange : *C'est lui qui pardonne toutes tes iniquités* (Psaume 103:3). Si nous pouvions être pardonnés et ensuite autorisés à aimer le péché, à nous rebeller dans l'iniquité et à nous complaire dans la convoitise, à quoi servirait ce pardon ? Ce pardon ne serait-il pas un doux poison qui nous détruirait ? Être lavé, puis se vautrer dans la boue et la saleté, être déclaré pur et continuer d'avoir la lèpre, c'est se moquer éperdument de la miséricorde. À quoi sert-il de sortir l'homme de son sépulcre si vous le laissez mort ? Pourquoi le conduire à la lumière s'il est toujours aveugle ?

Nous remercions Dieu qui pardonne nos péchés et guérit nos maladies. Celui qui lave les taches du passé nous délivre aussi des vices du présent et nous empêche de faillir dans le futur. Nous devons accepter avec joie à la fois la repentance et la réduction de la gravité ou de l'intensité de notre péché actuel. Les deux ne peuvent être séparés. L'héritage promis est un et indivisible et ne doit pas être fragmenté. Dissocier l'œuvre de la grâce reviendrait à couper en deux l'enfant vivant (1 Rois 3:25). Ceux qui le permettent n'y gagnent rien.

Alors que vous cherchez le Seigneur, je vous demande si vous seriez satisfait d'une seule de ces miséricordes. Seriez-vous content si Dieu pardonnait vos péchés et vous permettait de rester aussi mondain et méchant qu'auparavant ? Non ! L'esprit né de nouveau craint davantage le péché lui-même que le châtiment qui en résulte. Le cri de votre cœur ne sera plus : « Qui me délivrera de la punition ? », mais *Misérable que je suis ! Qui me délivrera du corps de cette mort ?* (Romains 7:24). Puisque la repentance est liée à une diminution du péché résultant d'une volonté provoquée par la grâce divine, et qu'elle est nécessaire à l'intégrité du salut ainsi qu'à la sainteté, vous pouvez être assuré qu'elle sera permanente.

La repentance et le pardon sont indissociables pour tous les vrais croyants. Personne ne s'est jamais sincèrement repenti du péché en *croyant* en la repentance sans bénéficier du pardon. Inversement, il n'y a jamais eu personne qui ait été pardonné sans s'être repenti. Je le dis sans hésiter que sous le soleil, il n'y a jamais eu et il n'y aura jamais de péché effacé, si le cœur n'a été amené à la repentance et à la foi en Christ simultanément. La haine du péché et la conscience du pardon se rejoignent dans l'âme et y demeurent ensemble tout au long de notre vie.

Ces deux éléments agissent et réagissent mutuellement.

Ainsi, le pardon entraine la repentance, et la repentance garantit le pardon, mais n'oublions pas que c'est le pardon qui précède tout et qui entraine la repentance. Comme nous le chantons dans le cantique de Joseph Hart :

> *La loi et la terreur n'endurcissent que davantage,*
> *Tant qu'elles agissent seules ;*
> *Mais le sentiment du pardon acquis par le sang*
> *Dissout rapidement un cœur de pierre.*

Lorsque nous avons l'assurance du pardon, nous détestons le péché. J'imagine que lorsque nous manifestons pleinement la foi et sommes entièrement certains que le sang de Jésus nous a lavés et nous a rendus plus blancs que la neige, alors la repentance atteint son apogée. La repentance grandit en même temps que la foi. Ne vous y trompez pas. La repentance n'est pas quelque chose de marqué par des jours et des semaines. Ce

Lorsque nous avons l'assurance du pardon, nous détestons le péché.

n'est pas une pénitence temporaire à achever le plus vite possible. C'est la grâce de toute une vie, comme la foi elle-même. Les petits enfants de Dieu se repentent, de même que les jeunes gens et les pères (1 Jean 2:13). La repentance est le compagnon inséparable de la foi. Alors que nous marchons par la foi et non par la vue, la larme de la repentance brille dans l'œil de la foi. La repentance qui ne vient pas de la foi en Jésus n'est pas une vraie repentance, et la foi en Jésus n'est pas une vraie foi si elle n'est pas teintée de repentance.

La foi et la repentance sont étroitement liées. Nous nous repentons proportionnellement à notre foi en l'amour indulgent de Christ, et nous nous réjouissons de la plénitude du pardon que Jésus a l'honneur d'accorder en proportion de notre repentance et de notre haine du péché et du mal. Vous n'apprécierez jamais le pardon si vous ne ressentez pas la repentance, et vous ne goûterez jamais à la pleine repentance tant que vous ne saurez pas que vous êtes pardonné. Cela peut sembler étrange, mais c'est vrai. L'amertume de la repentance et la douceur du pardon s'imbriquent dans la saveur de toute vie empreinte de grâce et produisent un bonheur incomparable.

Ces deux dons de l'alliance se garantissent mutuellement. Si je sais que je me suis repenti, alors je sais que j'ai été pardonné. Comment puis-je savoir que je suis pardonné, si ce n'est par le fait que je me suis détourné de mon ancienne vie de pécheur ? Être croyant revient à avoir un sentiment de repentance. La foi et la repentance sont deux roues du même carrousel, deux manches du même soc. La repentance a été décrite comme un cœur brisé par le péché et à cause du péché. De la même façon, il peut être envisagé comme un tournant vers la vertu et un retour à Dieu. Il s'agit d'un changement d'attitude d'une radicalité sans égal, accompagné d'un regret du passé et d'une volonté de changer à l'avenir.

> *Se repentir consiste à se détourner*
> *Des péchés que nous aimions auparavant ;*
> *Et montrer que nous les regrettons amèrement,*
> *En ne les reproduisant plus.*

Lorsque c'est le cas, nous pouvons être certains que nous sommes pardonnés, car le Seigneur n'a jamais permis qu'un cœur soit brisé à cause du péché et par le péché sans le pardonner. D'autre part, si nous bénéficions du pardon par le sang de Jésus, si nous sommes justifiés par la foi et si nous avons la paix avec Dieu par Jésus-Christ notre Seigneur, nous savons que notre repentance et notre foi sont conformes.

Ne considérez pas votre repentance comme la cause de votre pardon, mais comme son corollaire. N'attendez pas d'être capable de vous repentir avant de voir la grâce de notre Seigneur Jésus et sa volonté de pardonner vos péchés. Préservez l'intégrité de ces dispensations. Considérez-les dans leur corrélation. Elles sont les piliers d'une expérience salvatrice. Nul ne peut raisonnablement venir à Dieu sans passer entre les piliers de la repentance et du pardon. L'arc-en-ciel de la grâce divine sur votre cœur se révèle dans toute sa beauté lorsque les larmes de la repentance sont illuminées par le rayonnement du pardon complet. La repentance du péché et la foi dans le pardon divin sont intimement entremêlées dans le tissu de la véritable conversion. Grâce à ces démonstrations, vous saurez reconnaitre un croyant authentique.

> La repentance du péché et la foi dans le pardon divin sont intimement entremêlées dans le tissu de la véritable conversion.

Lorsque nous regardons à nouveau les Écritures que nous avons méditées, nous constatons que le pardon et la repentance coulent de la même source et sont donnés par le même Sauveur. Le Seigneur Jésus, dans sa gloire, accorde les deux aux mêmes personnes. Vous ne trouverez ni le pardon ni la repentance ailleurs.

Jésus les a tous deux prévus et est disposé à les accorder maintenant, à les donner (gratuitement) à tous ceux qui les accepteront de ses mains.

N'oubliez jamais que Jésus nous accorde tout ce dont nous avons besoin pour notre salut. Il est très important que tous ceux qui recherchent la miséricorde s'en souviennent. La foi est autant un don de Dieu que le Sauveur sur lequel cette foi repose. La repentance du péché est en fait l'œuvre de la grâce, telle une expiation par laquelle le péché est effacé. Le salut, de bout en bout, est le fruit de la grâce seule (Éphésiens 2:8). Ne vous y trompez pas. Ce n'est pas le Saint-Esprit qui se repent. Il n'a aucune raison de le faire. S'il devait se repentir, ce serait absurde, car c'est à nous de nous repentir de notre péché. Si nous ne le faisons pas, nous ne serons pas sauvés par sa puissance.

Ce n'est pas non plus le Seigneur Jésus-Christ qui se repent. De quoi se repentirait-il ? C'est nous qui devons nous repentir avec la pleine approbation de toutes les facultés de notre esprit. La volonté, les passions et les émotions concourent à l'acte béni qu'est la repentance du péché. Derrière tout cela, il y a la sainte influence sur notre comportement personnel, qui fait fondre le cœur, produit de la honte et du regret, et entraine un changement complet. L'Esprit de Dieu nous éclaire sur ce qu'est le péché et le rend détestable à nos yeux.

L'Esprit de Dieu nous incline également vers la sainteté et nous fait l'apprécier, l'aimer et la désirer de tout notre cœur. Ainsi, il nous motive et nous conduit progressivement dans la sanctification. L'Esprit de Dieu *qui produit en vous le vouloir et le faire, selon son bon plaisir*

(Philippiens 2:13). Soumettons-nous immédiatement à son bon Esprit, afin qu'il nous conduise à Jésus, qui nous donnera (gratuitement) la double bénédiction de la repentance et du pardon, selon la richesse de sa grâce.

« C'EST PAR LA GRÂCE QUE VOUS AVEZ ÉTÉ SAUVÉS. »

Chapitre 14

Comment la repentance est accordée

Pour ce chapitre, nous reviendrons sur Actes 5:31 : Dieu *l'a élevé par sa droite comme Prince et Sauveur, pour donner à Israël la repentance et le pardon des péchés.* Notre Seigneur Jésus-Christ est monté au ciel pour que la grâce descende jusqu'à nous. Sa gloire vise à offrir un plus grand accueil à sa grâce. Le Seigneur a fait un pas vers nous parce qu'il a l'intention d'emmener les pécheurs croyants au ciel avec lui. Il est élevé dans les hauteurs pour donner la repentance, et nous le verrons par nous-mêmes si nous nous souvenons de quelques grandes vérités.

L'œuvre accomplie par notre Seigneur Jésus a rendu la repentance possible, disponible et acceptable. La loi ne mentionne pas la repentance, mais dit clairement : *L'âme qui pèche, c'est celle qui mourra*

(Ézéchiel 18:20). Si le Seigneur Jésus n'était pas mort, ressuscité et monté vers le Père, la repentance serait vaine. Nous pourrions éprouver du remords avec ses afflictions, mais jamais de repentance avec son espoir renouvelé. La repentance, ce sentiment naturel, est une obligation quotidienne qui ne mérite pas de grands éloges. Elle est généralement tellement mêlée à une peur égoïste du châtiment que même l'éloge le plus gentil en minimise l'importance. Si Jésus n'était pas intervenu et n'avait pas accumulé de nombreux mérites, nos larmes de repentance ne seraient guère plus que de l'eau répandue sur le sol. Jésus est élevé dans les cieux, par conséquent, grâce à la bonté morale de son intercession, la repentance peut avoir sa place devant Dieu. À cet égard, on obtient la repentance, car il la rend définitivement acceptable.

Lorsque Jésus a été élevé, l'Esprit de Dieu a été répandu pour nous accorder toutes les grâces nécessaires. Le Saint-Esprit crée la repentance en nous en renouvelant surnaturellement notre nature et en ôtant de notre chair le cœur de pierre (Ézéchiel 36:26). Ne restez pas assis là à vous efforcer de faire couler des larmes irréalistes.

> **Rends-moi tendre et humble de cœur, afin que je puisse haïr le péché et me repentir sincèrement.**

La repentance ne vient pas d'une nature réticente, mais de la grâce libre et souveraine. N'allez pas vous frapper la poitrine dans votre chambre pour tenter de faire naitre des sentiments qui ne sont pas présents dans un cœur de pierre. Allez plutôt au Calvaire et voyez comment Jésus est mort. Levez les yeux vers les montagnes d'où vient votre secours (Psaume 121:1). Le Saint-Esprit est venu exprès pour envahir l'esprit des hommes et produire en eux la repentance, de même qu'il a jadis fait jaillir l'ordre du chaos. Soufflez-lui votre prière : « Esprit béni, demeure en moi. Rends-moi tendre et humble de cœur, afin que je puisse haïr le péché et me repentir sincèrement. » Il entendra votre cri et vous répondra.

Rappelons que lorsque notre Seigneur Jésus a été élevé, il ne nous a pas seulement donné la repentance en envoyant le Saint-Esprit, mais il a aussi consacré toutes les œuvres de la nature et de la providence à la réalisation de notre salut. Toutes peuvent donc nous appeler à la repentance, qu'elles chantent comme le coq de Pierre ou qu'elles ébranlent la prison comme le tremblement de terre du geôlier (Actes 16:26). Depuis la droite de Dieu, notre Seigneur Jésus gouverne toutes les choses ici-bas et les fait concourir au salut de ses rachetés. Il utilise ce qui est amer et doux, les épreuves et les joies, afin de produire un meilleur esprit chez les pécheurs à l'égard de leur Dieu.

Soyez reconnaissant envers Dieu pour la préparation opportune des événements futurs qui vous rendent pauvre, malade ou triste, car par tout cela, Jésus travaille à la vie de votre esprit et vous ramène à lui. La miséricorde du Seigneur arrive souvent à la porte de nos cœurs sur le cheval noir de l'affliction. Jésus utilise toute la gamme de nos expériences pour nous sevrer de ce monde et nous attirer vers le ciel. Christ est élevé sur le trône du ciel et de la terre afin que, par le cours des actions de sa providence, il puisse soumettre les cœurs durs et leur apporter l'adoucissement gracieux de la repentance.

Plus précisément, il est à l'œuvre en ce moment même par tous ses murmures dans la conscience, par sa Parole inspirée, par ceux d'entre nous qui transmettent le message de la Bible, par des amis qui prient et par des cœurs sincères. Il peut vous envoyer une parole qui frappera votre cœur de pierre comme la verge de Moïse, et fera jaillir des torrents de repentance (Exode 17:6). À partir des Saintes Écritures, il peut faire surgir dans votre esprit un passage déchirant qui vous vaincra sur-le-champ. Il peut mystérieusement adoucir votre cœur et, lorsque vous vous y attendez le moins, faire en sorte qu'un saint état d'esprit s'empare de vous.

Soyez-en sûr : Jésus, qui est entré dans sa gloire et a été élevé dans toute la splendeur et la majesté de Dieu, a d'abondants moyens de produire la repentance chez ceux à qui il accorde le pardon. Aujourd'hui même, il attend de vous accorder l'expérience de la repentance. Demandez-le-lui maintenant.

Remarquez quel réconfort la repentance du Seigneur Jésus-Christ apporte aux personnes les plus indignes au monde. *Dieu l'a élevé par sa droite comme Prince et Sauveur, pour donner à Israël la repentance et le pardon des péchés* (Actes 5:31). À Israël ! Aux jours où les apôtres parlaient ainsi, Israël était la nation qui avait le plus gravement péché contre la lumière et l'amour, en osant dire : *Que son sang retombe sur nous et sur nos enfants* (Matthieu 27:25). Pourtant, Jésus est élevé à une position qui lui permet de leur accorder la repentance. Quelle grâce merveilleuse !

Si vous avez été élevé dans la lumière la plus pure de la vie chrétienne et que vous l'avez quand même rejetée, il y a encore de l'espoir. Si vous avez péché contre votre conscience, contre le Saint-Esprit et contre l'amour de Jésus, il est encore temps de vous repentir. Même si vous êtes aussi endurci et incrédule qu'Israël d'autrefois, vous pouvez encore changer, car Jésus est exalté et revêtu d'une puissance sans limites. Pour ceux qui se sont profondément éloignés de Dieu et ont péché consciemment, le Seigneur Jésus est encore capable de leur donner la repentance et le pardon des péchés. Je suis heureux de pouvoir proclamer ce plein Évangile, et vous êtes béni de pouvoir le lire.

Le cœur des enfants d'Israël s'était endurci comme la pierre. Martin Luther pensait qu'il était impossible de convertir un Juif. Si nous ne partageons pas son opinion sur ce point, nous devons admettre que les enfants d'Israël ont été extrêmement obstinés dans leur rejet du Sauveur au fil des siècles. À juste titre, le Seigneur a dit aux Juifs : *Je vous l'ai dit, et vous ne croyez pas* (Jean 10:25). *Elle est venue chez les siens, et les siens ne l'ont point reçue* (Jean 1:11). Pourtant, notre Seigneur Jésus a été élevé en faveur d'Israël pour susciter la repentance et le pardon. Beaucoup de Païens ont un cœur aussi obstiné, qui s'est dressé contre le Seigneur Jésus pendant des années ; pourtant, dans un tel cœur, notre Seigneur peut encore susciter la repentance. Quand cela se produit, vous pouvez joindre votre voix à celle de William Hone après qu'il s'est laissé gagner par la grâce divine. Alors qu'il était autrefois un incrédule déterminé, le cœur subjugué par la grâce divine, il a écrit :

Le cœur le plus orgeuilleux qui ait jamais existé
  A été soumis en moi.
La volonté la plus sauvage qui se soit jamais élevée,
Pour mépriser ta cause et aider tes ennemis,
  Est apaisée, mon Dieu, par toi.

Que ta volonté et non ma volonté soit faite.
  Que mon cœur soit toujours à toi,
Te confessant, toi la puissante Parole
Je te salue, Christ, mon Dieu, mon Seigneur.
  Et fais de ton nom mon signe.

Le Seigneur peut susciter la repentance dans le cœur le plus impénitent, transformant des lions en agneaux, et des corbeaux en colombes. Tournons-nous vers lui afin qu'il opère ce grand changement en nous. Contempler la mort de Christ est sans conteste l'une des méthodes les plus sûres et efficaces pour être convaincu de se repentir. Ne cherchez pas à provoquer des sentiments de repentance dans un cœur corrompu par la nature pécheresse. Il est impossible de forcer notre âme à entrer dans un état de repentance qui tire sa source de la grâce. Au contraire, confiez votre cœur à Celui qui le comprend et priez ainsi : « Seigneur, purifie-le. Seigneur, renouvelle-le. Seigneur, fais naitre la repentance en lui. »

Plus vous essayez de produire des sentiments de repentance par vous-même, plus vous êtes déçu. En revanche, si vous méditez avec foi sur le fait que Jésus est mort pour vous, la repentance jaillira d'elle-même. Pensez à la douleur et à la sueur sanglante endurées par Jésus pour vous. Pensez à l'agonie et au sang, au Calvaire et à la Passion. Alors, Celui qui a enduré tout cela vous regardera et, à travers ce regard, il accomplira pour vous ce qu'il a fait pour Pierre lorsqu'il a pleuré amèrement (Luc 22:62). Celui qui est mort pour vous peut, par son Esprit plein de grâce, vous faire mourir au péché. Il est monté au ciel à votre place et peut vous délivrer du péché pour vous conduire dans la sainteté.

Je voudrais vous communiquer une dernière chose. Ne cherchez pas le feu sous la glace, et ne comptez pas sur votre nature pour trouver la repentance. Tournez-vous vers le Vivant pour avoir la vie. Seule la rencontre avec Jésus peut satisfaire tous vos besoins. Ne cherchez nulle part ailleurs une part de l'amour que Christ vous offre, mais souvenez-vous, Christ est tout.

Chapitre 15

La peur de la chute ultime

Une peur sombre hante l'esprit de nombreux chrétiens. Ils craignent de ne pas persévérer jusqu'à la fin. J'ai entendu quelqu'un qui cherchait le salut déclarer : « Une fois que j'aurai jeté mon âme entre les mains de Jésus, qu'arrivera-t-il si je suis attiré de nouveau vers le châtiment de l'enfer ? J'ai déjà eu de bons sentiments, mais ils se sont évanouis. La bonté que je ressentais était comme la rosée du matin. Tout est arrivé très vite, ça a duré un moment, il y avait beaucoup d'effervescence, puis tout s'est envolé. »

Je pense que cette peur est souvent le signe que certaines personnes n'ont pas osé faire confiance à Christ en tout temps et pour l'éternité, car elles n'ont pas eu la foi suffisante pour les sauver. Elles ont misé sur Jésus dans une certaine mesure, mais ont toujours dépendu d'elles-mêmes pour persévérer dans une vie vertueuse.

Parce qu'elles n'ont pas mis leur foi en Christ seul, elles se sont très vite détournées.

Si nous comptons sur nos capacités pour tenir bon, nous finirons par échouer. Même si nous nous réfugions en Jésus pour notre salut, nous échouerons si nous essayons en même temps de placer notre confiance en nous pour quoi que ce soit. Aucune chaine n'est plus forte que son maillon le plus faible. Si Jésus est notre espoir en toute chose, excepté en une, nous échouerons complètement, car dans cette seule chose, nous ne parviendrons à rien.

Je ne doute pas que cette conception erronée de la persévérance des saints ait empêché la persévérance de beaucoup de ceux qui ont bien couru. Qu'est-ce qui les a bloqués en cours de route ? Qu'est-ce qui les a empêchés de poursuivre leur course ? Ils se sont fait confiance pour courir et se sont donc arrêtés avant la fin. Prenez garde à ne pas mélanger ne serait-ce qu'un peu de vous-même au mortier avec lequel vous construisez, ou vous obtiendrez du plâtre, et les pierres ne tiendront pas ensemble. Si vous vous tournez vers Christ dès le départ, veillez à ne pas vous tourner vers vous-même pour achever l'œuvre de Christ en vous. Il est l'Alpha (le commencement). Veillez à lui faire confiance en tant que l'Oméga (la fin) également. Si vous commencez par l'Esprit, n'espérez pas devenir parfait par la chair. Commencez comme si vous vouliez continuer, et continuez comme vous avez commencé. Laissez le Seigneur être tout en vous. Priez pour que le Saint-Esprit nous montre clairement d'où vient la force de persévérer jusqu'au jour de l'avènement de notre Seigneur.

Voici ce que Paul a déclaré à ce sujet lorsqu'il écrivait aux Corinthiens : *Il vous affermira aussi jusqu'à la fin, pour que vous soyez irréprochables au jour de notre Seigneur Jésus-Christ. Dieu est fidèle, lui qui vous a appelés à la communion de son Fils, Jésus-Christ notre Seigneur* (1 Corinthiens 1:8-9).

Ce langage admet silencieusement un grand besoin en nous disant comment cela est pourvu. Partout où le Seigneur prend une disposition, nous pouvons être sûrs qu'il y a un besoin, car aucun superflu n'entrave l'alliance de la grâce. Dans les parvis de Salomon étaient suspendus des boucliers d'or qui n'avaient jamais été utilisés, mais il n'y avait rien de tel dans les armes de Dieu. Ce que Dieu a prévu, nous en aurons sûrement besoin. D'ici à l'achèvement de toutes choses, toutes les promesses de Dieu seront accomplies et toutes les dispositions de l'alliance de grâce seront utilisées.

Le besoin urgent de l'âme croyante est l'affermissement, la continuation, la persévérance et la préservation jusqu'à la fin. C'est la grande nécessité des croyants les plus avancés, comme nous le voyons lorsque Paul écrit aux croyants de Corinthe qui étaient considérés comme des penseurs avertis ; il pouvait leur dire : *Je rends à mon Dieu de continuelles actions de grâces à votre sujet, pour la grâce de Dieu qui vous a été accordée en Jésus-Christ* (1 Corinthiens 1:4). Ce sont ces personnes qui ressentent très certainement le besoin d'une nouvelle grâce quotidienne si elles veulent tenir bon, rester fermes et réussir à être des vainqueures à la fin.

Si vous n'étiez pas croyant, vous ne bénéficieriez d'aucune grâce et ne ressentiriez pas le besoin d'une grâce supplémentaire ; mais parce que vous êtes croyant, vous ressentez les exigences quotidiennes de la vie spirituelle. Une statue de marbre n'a pas besoin de nourriture, mais l'homme vivant a faim et soif. Il se réjouit que son pain et son eau soient assurés, sinon il s'évanouirait en chemin. Les besoins personnels du croyant font qu'il est inévitable qu'il puise chaque jour à la grande source de tout, car s'il ne pouvait pas recourir à son Dieu, que ferait-il ?

Ceci vaut pour les croyants qui ont reçu le plus de dons, pour ceux qui, à Corinthe, ont été comblés de toutes les richesses qui concernent *la parole et la connaissance* (1 Corinthiens 1:5). Ils devaient être affermis jusqu'à la fin, sinon leurs dons et leurs réalisations se seraient révélés être leur ruine. Si nous parlions les langues des hommes et des anges sans recevoir une nouvelle grâce, où serions-nous ? Si nous acquérions de plus en plus d'expérience au point de devenir des dirigeants dans l'Église, si Dieu nous enseignait à comprendre tous les mystères, nous ne pourrions pas vivre un seul jour sans la vie divine qui coule en nous à partir de Christ, le Chef de notre alliance. Comment pourrions-nous espérer tenir une seule heure, sans parler d'une vie entière, si le Seigneur ne se saisissait pas de nous ? *Celui qui a commencé en vous cette bonne œuvre la rendra parfaite pour le jour de Jésus-Christ* (Philippiens 1:6), ou bien il s'agira d'un échec cuisant.

Cette nécessité émane en grande partie de nous-mêmes. Certains nourrissent la douloureuse crainte de ne pas persévérer dans la grâce, parce qu'ils ne sont pas conscients de leur manque de foi. Pour ce qui concerne le caractère général, certaines personnes sont instables. Certains sont calmes par nature, mais d'autres sont naturellement imprévisibles et colériques. Comme les papillons, ils volent de fleur en fleur, jusqu'à ce qu'ils aient contemplé toutes les beautés du jardin sans pour autant se fixer sur l'une d'entre elles. Ils ne restent jamais assez longtemps au même endroit pour faire quelque chose de bien, même dans leur travail ou dans leurs études. Ces personnes peuvent craindre que dix, vingt, trente, quarante, voire cinquante années de vigilance spirituelle continue ne soient trop lourdes pour elles. Par conséquent, nous voyons des

> Chaque jour, vous trouverez suffisamment d'occasions de chute.

gens aller d'église en église, jusqu'à ce qu'elles puissent réciter les trente-deux points et les quarts de la boussole magnétique dans le sens horaire et antihoraire. Ces personnes ont besoin de redoubler de prière pour être divinement établies et devenir non seulement solides, mais également inébranlables. Sinon, on ne les trouvera pas *travaillant de mieux en mieux à l'œuvre du Seigneur* (1 Corinthiens 15:58).

Chacun de nous, même s'il connait une profonde inconstance, une fois né de Dieu, doit reconnaitre sa faiblesse. Chaque jour, vous trouverez suffisamment d'occasions de chute. Si vous désirez marcher dans la sainteté parfaite, comme je suis persuadé que c'est le cas, vous devez vous fixer des normes élevées relatives à ce qu'un chrétien doit être. Pour la plupart d'entre nous, avant que les plats du petit déjeuner ne soient débarrassés, nous avons été suffisamment fous pour avoir honte de nous-mêmes.

Si nous nous enfermions dans la cellule solitaire d'un ermite, la tentation nous suivrait toujours, car tant que nous ne pouvons pas nous échapper de nous-mêmes, nous ne pourrons pas échapper à l'attraction du péché. Dans notre cœur, il y a des éléments qui doivent nous rendre vigilants et humbles devant Dieu. S'il ne nous fortifie pas, nous sommes si faibles que nous trébucherons et tomberons spirituellement, non pas parce que nous sommes vaincus par un ennemi, mais du fait de notre propre négligence. Seigneur, sois notre force, car nous sommes la faiblesse incarnée.

En outre, il y a la fatigue qui accompagne une longue vie. Lorsque nous commençons notre vie chrétienne et que nous professons notre foi aux autres, nous nous élevons avec des ailes d'aigle. Au fur et à mesure que nous grandissons en lui, nous courons sans nous lasser, mais c'est dans nos jours les meilleurs et les plus vrais que nous marchons sans faiblir (Ésaïe 40:31). Notre rythme peut sembler plus lent, mais il est plus utile et mieux soutenu. Je prie Dieu pour que l'énergie de notre jeunesse nous porte quand il s'agit de l'énergie de l'Esprit et pas seulement de l'enthousiasme d'une chair orgueilleuse.

Celui qui a marché longtemps vers le ciel se rend compte qu'il y a une bonne raison pour laquelle la promesse de chaussures de fer et d'airain lui a été faite

(Deutéronome 33:25), parce que la route est rude. Il a découvert les montagnes de la difficulté et les vallées de l'humiliation ; qu'il existe une vallée de l'ombre de la mort et, pire encore, une foire aux vanités, et que tout ce chemin doit être parcouru. S'il y a des montagnes délicieuses (et, Dieu merci, il y en a), il y a aussi des châteaux douteux de désespoir, dont les pèlerins ont trop souvent vu l'intérieur.[1] En tenant compte de tous les éléments, ceux qui persévèrent jusqu'à la fin sur le sentier de la sainteté ce sont des *hommes qui serviront de signes* (Zacharie 3:8).

« Ô, monde des merveilles, je ne peux pas en dire moins. »[2] Les jours de la vie d'un chrétien sont comme de gros diamants incolores de la miséricorde enfilés sur le fil d'or de la fidélité divine. Au ciel, nous raconterons aux anges, aux principautés et aux puissances les richesses insondables de Christ qui ont été dépensées pour nous et dont nous avons joui pendant notre séjour terrestre. Nous avons été maintenus en vie sur le fil du rasoir. Notre vie spirituelle a été une flamme brûlant au milieu de la mer, une pierre suspendue dans les airs. L'univers sera étonné de nous voir franchir les portes du paradis, irréprochables au jour de notre Seigneur Jésus-Christ. Un émerveillement empreint de reconnaissance doit nous envahir si nous sommes gardés pour un temps, et je crois que nous le sommes (Jean 6:39).

Le monde n'est pas ami de la grâce.

Si tout s'arrêtait là, nous aurions suffisamment de

---

1 Références à *Le voyage du pèlerin* de John Bunyan.
2 Ibid.

raisons de nous inquiéter, mais ce n'est pas tout. Nous devons penser au monde dans lequel nous vivons. Pour de nombreux membres du peuple de Dieu, c'est un désert hurlant. Certains d'entre nous se complaisent dans la providence de Dieu, tandis que d'autres la subissent de plein fouet. Certains d'entre nous commencent leur journée par la prière et entendent souvent la voix des chants sacrés remplir leurs maisons, mais beaucoup de bonnes personnes sont à peine sorties de leur lit qu'elles reçoivent des injures. Elles vont au travail et sont exaspérées par des conversations ordurières à longueur de journée. Peut-on même se promener dans les rues sans être assailli par un langage grossier ?

Le monde n'est pas ami de la grâce. Ce qu'il convient de faire, c'est de traverser ce monde aussi vite que possible, car tant que nous sommes ici, nous vivons dans un pays ennemi. Un voleur se cache dans chaque buisson. Nous devons voyager partout avec une épée dégainée, ou tout au moins avoir cette arme appelée prière à tout moment à nos côtés parce que nous devons lutter pour chaque centimètre de notre chemin. Ne vous y trompez pas, ou vous serez brutalement secoué pour sortir de votre chaude illusion. Dieu, aide-nous et valide notre naissance spirituelle jusqu'au bout, sinon où serons-nous ?

La vraie foi est surnaturelle à son début, dans sa continuité et à sa fin. Elle est l'œuvre de Dieu du début à la fin. Il y a encore un grand besoin que la main du Seigneur soit tendue. C'est un besoin que vous ressentez maintenant, et je suis heureux que vous le ressentiez. Cela signifie que vous vous tournerez vers le Seigneur pour être préservé. Lui seul est capable de nous préserver de l'échec et de nous glorifier avec son Fils.

Chapitre 16

L'affermissement spirituel

J e voudrais que vous remarquiez la sécurité que Paul attend avec confiance pour tous les saints. Il dit : *Il vous affermira aussi jusqu'à la fin, pour que vous soyez irréprochables au jour de notre Seigneur Jésus-Christ* (1 Corinthiens 1:8). Ce type d'affermissement doit être désiré par-dessus tout. Il suppose que les âmes sont justes et se propose de les affermir dans le droit chemin. Il serait terrible d'affermir un homme dans la voie du péché et de l'erreur. Pensez à un ivrogne, à un voleur ou à un menteur affermi. Il serait déplorable qu'un homme soit affermi dans l'incrédulité et l'impiété.

L'affermissement spirituel ne peut être savouré que par ceux qui ont déjà reçu la grâce de Dieu. C'est l'œuvre du Saint-Esprit. Celui qui produit la foi la renforce et l'affermit. Celui qui déclenche l'amour en nous le préserve et en accroit la flamme. Ce que le bon Esprit nous fait connaitre par son premier enseignement, il nous le fait connaitre avec une plus grande clarté et certitude par un enseignement ultérieur.

Les actes saints sont établis jusqu'à ce qu'ils deviennent des habitudes, et les saints sentiments sont validés jusqu'à ce qu'ils deviennent durables. L'expérience et la pratique affermissent nos croyances et nos résolutions, de la même manière que l'arbre s'enracine par les douces averses et les vents violents. Nos joies et nos peines, nos succès et nos échecs sont sanctifiés dans le même but. L'esprit est instruit et acquiert des raisons de persévérer dans la bonne voie grâce à ses connaissances croissantes. Le cœur est réconforté et s'attache plus étroitement à la vérité consolatrice. L'emprise se resserre, le rythme s'affirme et le croyant devient plus solide et plus fort.

Il ne s'agit pas d'une simple croissance naturelle. C'est une œuvre singulière de conversion par l'Esprit. Le Seigneur la donne à ceux qui s'en remettent à lui pour la vie éternelle. Par son action intérieure, il nous délivre du fait d'être *impétueux comme les eaux* (Genèse 49:4) et nous enracine en lui. Cela fait partie de la méthode par laquelle il nous sauve, en nous édifiant en Jésus-Christ et en nous faisant demeurer en lui. En tant que croyant, vous pouvez rechercher cela chaque jour et vous ne serez pas déçu. En plaçant votre confiance en lui, il vous rendra semblable à un arbre planté au bord d'un fleuve, si bien conservé que même ses feuilles ne se flétrissent pas (Psaume 1:3).

Un chrétien affermi constitue une force pour l'Église. Il est un réconfort pour ceux qui sont dans la peine et un secours pour les faibles. N'aimeriez-vous pas être un tel chrétien ? Les croyants affermis sont des piliers dans la maison de Dieu, ils ne sont pas emportés à tout vent de doctrine, ni renversés par une tentation soudaine (Éphésiens 4:14). Ils sont d'un grand soutien pour les autres et agissent comme des ancres dans les périodes de troubles de l'Église. Si vous débutez votre vie en Christ, vous osez à peine espérer devenir comme eux, mais mettez cette crainte de côté, car le Bon Dieu agira en vous comme il le fait en eux. Alors que vous n'êtes encore qu'un « bébé » en Christ, vous serez un jour un « père » dans l'Église. Voyez en cela un don de la grâce et non le fruit de vos œuvres ou le produit de vos efforts.

L'apôtre Paul, inspiré, parle de ces personnes comme étant affermies jusqu'à la fin. Il s'attendait à ce que la grâce de Dieu les préserve personnellement jusqu'à la fin de leurs jours, ou jusqu'au retour du Seigneur Jésus. En réalité, il s'attendait à ce que toute l'Église de Dieu, en tout lieu et en tout temps, demeure et persévère jusqu'au retour du Seigneur Jésus en tant qu'Époux pour célébrer les noces avec son épouse parfaite : l'Église. Tous ceux qui sont en Christ seront affermis en lui jusqu'à ce jour glorieux. Jésus lui-même n'a-t-il pas dit : *car je vis, et vous vivrez aussi ?* (Jean 14:19). Il a également déclaré : *Je leur (mes brebis) donne la vie éternelle ; et elles ne périront jamais, et personne ne les ravira de ma main* (Jean 10:28). *Celui qui a commencé en vous cette bonne œuvre la rendra parfaite pour le jour de Jésus-Christ* (Philippiens 1:6).

L'œuvre de la grâce dans l'âme n'est pas une réforme superficielle. La vie implantée à la nouvelle naissance

> L'œuvre de la grâce dans l'âme n'est pas une réforme superficielle.

provient d'une semence vivante et incorruptible, qui vit et demeure éternellement (1 Pierre 1:23). Les promesses de Dieu faites aux croyants ne sont pas temporaires, mais leur accomplissement implique que le croyant garde sa voie jusqu'à ce qu'il parvienne à la gloire sans fin. *Le juste néanmoins demeure ferme dans sa voie* (Job 17:9). Cela est possible parce que nous sommes gardés par la puissance de Dieu, par la foi, en vue du salut, non pas en raison de nos mérites ou de nos forces, mais comme un don d'approbation gratuit et immérité pour ceux qui sont *gardés pour Jésus-Christ* (Jude 1). Jésus ne perdra aucune des brebis de sa bergerie. Aucun membre de son corps ne mourra spirituellement. Aucune pierre précieuse de son trésor ne manquera au jour où il reconstituera ses joyaux. Le salut que l'on reçoit par la foi n'est pas une chose pour laquelle on travaille pendant des mois et des années, car notre Seigneur Jésus a déjà obtenu pour nous le salut éternel. Puisqu'il est éternel, cela signifie qu'il ne peut avoir de fin.

Paul déclare également qu'il invite les saints de Corinthe à être irréprochables jusqu'à la fin (1 Corinthiens 1:8). Ce caractère irréprochable est un élément précieux de notre fermeté en lui. Être gardé dans la sainteté, c'est plus qu'être gardé en sécurité. Il est affreux de voir des personnes religieuses passer d'un déshonneur à un autre parce qu'elles n'ont pas cru que notre Seigneur avait la puissance de les rendre irréprochables. Même la vie de certains chrétiens est une série de trébuchements. Ils ne tombent jamais tout à fait, mais ils sont rarement sur leurs pieds. Cela ne convient pas à un croyant qui est invité à marcher avec Dieu. Par la foi, il peut tendre vers la sainteté avec une ténacité constante, et c'est ce qu'il doit tout simplement faire. Le Seigneur est capable non seulement de nous sauver de l'enfer, mais aussi de nous empêcher de tomber.

Nous n'avons pas besoin de céder à la tentation. N'est-il pas écrit que *le péché n'aura point de pouvoir sur vous* (Romains 6:14) ? Le Seigneur est capable de garder les pieds de ses saints de chanceler et il le fera, à la seule condition que nous lui fassions confiance. Nous n'avons pas besoin de souiller nos vêtements parce que, par sa grâce, nous pouvons les préserver des souillures du monde. Nous sommes tenus de le faire, car sans la sainteté, nul ne verra le Seigneur (Hébreux 12:14). L'apôtre a

> Le Seigneur est capable de garder les pieds de ses saints de chanceler et il le fera, à la seule condition que nous lui fassions confiance.

prophétisé pour ces croyants la chose même qu'il veut que nous recherchions : que nous puissions être préservés, *saints, irrépréhensibles et sans reproche* (Colossiens 1:22). Ceux qui appartiennent au Seigneur sont irréprochables.

Que Dieu veuille qu'en ce dernier grand jour, nous soyons exempts de toute accusation, de sorte que nul dans l'univers entier ne puisse oser contester le fait que nous disions que nous sommes des rachetés du Seigneur. Certes, nous avons des manquements à confesser, mais ce n'est le genre de fautes qui prouveraient que nous ne sommes pas en Christ. Nous serons à l'abri de l'hypocrisie permanente et impénitente, de la tromperie, de la haine, de l'immoralité et du plaisir du péché, car ces accusations seraient fatales.

Malgré nos manquements, le Saint-Esprit peut faire en sorte que nous soyons irréprochables devant les hommes, de sorte que, comme Daniel, nous ne fournissions aucune occasion de nous accuser, si ce n'est en ce qui concerne notre foi. Des multitudes d'hommes et de femmes pieux ont eu une vie si transparente et si constante qu'ils étaient irréprochables aux yeux de tous. Au sujet de tels croyants, le Seigneur pourra tenir les mêmes propos qu'il a tenus en faveur de Job, lorsque Satan s'est présenté devant lui : *As-tu remarqué mon serviteur Job ? Il n'y a personne comme lui sur la terre ; c'est un homme intègre et droit, craignant Dieu et se détournant du mal ?* (Job 1:8).

C'est le témoignage que vous devez rechercher de la part du Seigneur. C'est le triomphe des saints : suivre l'Agneau en permanence partout où il va et maintenir notre intégrité devant le Dieu vivant. Que nous ne nous détournions jamais pour emprunter des voies corrompues et que nous ne cédions point à l'adversaire face à Dieu ou au Saint-Esprit, car il est écrit du vrai croyant que *quiconque est né de Dieu ne pèche point ; mais celui qui est né de Dieu se garde lui-même, et le malin ne le touche pas* (1 Jean 5:18). Qu'il en soit de même pour nous.

> Même si votre vie passée était entachée d'un péché extrême, le Seigneur peut totalement vous délivrer du pouvoir des anciennes habitudes et faire de vous un exemple de vertu.

Si vous débutez votre vie divine, sachez que le Seigneur peut vous donner un caractère irréprochable. Même si votre vie passée était entachée d'un péché extrême, le Seigneur peut totalement vous délivrer du pouvoir des anciennes habitudes et faire de vous un exemple de vertu. Il peut non seulement vous donner une bonne moralité, mais il peut aussi vous faire abhorrer toute fausse voie et vous mener à une vie de piété. N'en doutez pas. Le pécheur invétéré converti peut être au même niveau que le croyant le plus pur. Croyez-le et il en sera fait selon votre foi.

Oh, quelle joie d'être trouvé irréprochable au jour du jugement. Nous ne nous trompons pas lorsque nous nous joignons à ce merveilleux hymne « Jésus, ton sang et ta justice »[3] et que nous chantons :

> *Avec assurance, je me tiendrai ce grand jour,*
> *Car qui pourrait m'accuser ?*
> *Alors que, par ton sang, je suis libéré*
> *De la malédiction et de la honte du péché.*

Quel plaisir ce sera de jouir de ce courage audacieux, lorsque le ciel et la terre fuiront la face du Juge de tous ! Cette félicité sera la part de tous ceux qui se tournent vers la grâce de Dieu en Jésus-Christ et en rien d'autre, et qui, dans cette force sanctifiée, mènent une guerre continuelle contre tout péché.

---

3   Charles B. Snepp, éd., *Songs of Grace and Glory for Private, Family, and Public Worship* (London: W. Hunt & Co., 1872).

Chapitre 17

Pourquoi les saints persévèrent

Nous avons déjà vu que l'espérance qui remplissait le cœur de l'apôtre Paul au sujet des frères de Corinthe était un réconfort pour ceux qui craignaient pour leur avenir. Pourquoi croyait-il que les frères seraient affermis, fortifiés et établis, jusqu'à la fin ?

Si vous examinez de près 1 Corinthiens 1:9, vous remarquerez qu'il donne ses raisons. Les voici :

> *Dieu est fidèle, lui qui vous a appelés à la communion de son Fils, Jésus-Christ notre Seigneur.*

L'apôtre n'a pas dit : « Vous êtes fidèles ». Malheureusement, la fidélité des humains est une chose très peu fiable. Ce n'est que futilité.

Il n'a pas dit : « Vous avez des ministres fidèles pour vous conduire et vous guider, et donc je suis sûr que vous serez en sécurité. » Non. Non. Si nous devons être gardés par des hommes, nous ne serons que mal gardés. Il a dit : *Dieu est fidèle*. Si nous sommes trouvés fidèles, ce sera parce que Dieu est fidèle, et non à cause d'une autre personne. Tout le poids de notre salut doit reposer sur la fidélité de notre Dieu, car tout dépend de ce glorieux attribut de Dieu.

Nous sommes aussi imprévisibles que le vent, aussi fragiles qu'une toile d'araignée et aussi faibles que l'eau. Nous ne pouvons pas nous fier à nos qualités naturelles ou à nos réalisations spirituelles, *Il* [Dieu] *demeure fidèle* (2 Timothée 2:13). Il est fidèle dans son amour, lui *chez lequel il n'y a ni changement ni ombre de variation* (Jacques 1:17).

Dieu est fidèle à ses relations. Il est fidèle à son dessein. Il ne commence pas une œuvre pour la laisser ensuite inachevée (Philippiens 1:6). Il est fidèle à ses relations. En tant que Père, il ne renonce pas à ses enfants. En tant qu'Ami, il ne renie pas son peuple. En tant que Créateur, il n'abandonne pas l'œuvre de ses mains. Il est fidèle à ses promesses et ne permettra jamais qu'une seule d'entre elles manque à un seul croyant. Il est fidèle à son alliance, qu'il a conclue avec nous en Jésus-Christ et ratifiée par le sang de son sacrifice. Il est fidèle à son Fils et ne permettra pas que son Précieux Sang soit versé en vain. Il est fidèle à son peuple à qui il a promis la vie éternelle et dont il ne se détournera pas.

Cette fidélité de Dieu est le fondement et la pierre angulaire de notre espérance de persévérance finale. Les vrais croyants progresseront dans la sainteté, car

Dieu persévère dans sa grâce. Il continue de bénir, et ainsi les croyants continuent d'être bénis. Il continue de garder son peuple, et par conséquent, ce dernier continue de garder ses commandements. C'est là un solide fondement sur lequel s'appuyer. Dans cette même lignée, c'est la faveur gratuite et la miséricorde infinie qui inaugurent l'aube du salut, et les mêmes douces cloches sonnent mélodieusement tout au long du jour de grâce.

Les seules raisons d'espérer que nous serons affermis et trouvés irréprochables à la fin se trouvent en notre Dieu, et en lui ces raisons sont extrêmement abondantes. Elles résident premièrement dans ce que Dieu a fait. Il est allé si loin dans sa bénédiction qu'il ne lui est pas possible de revenir en arrière. Paul nous fait remarquer qu'il [nous] a *appelé à la communion de son Fils, Jésus-Christ notre Seigneur* (1 Corinthiens 1:9). S'il nous a appelés, cet appel ne peut être inversé, car *Dieu ne se repent pas de ses dons et de son appel* (Romains 11:29). Le Seigneur ne se détourne jamais de l'appel puissant de sa grâce.

Ceux qu'il a appelés, il les a aussi justifiés; et ceux qu'il a justifiés, il les a aussi glorifiés (Romains 8:30). C'est la règle immuable de la procédure divine. Un verset bien connu nous rappelle que : *il y a beaucoup d'appelés, mais peu d'élus* (Matthieu 22:14), mais nous parlons de tout autre chose ici, d'un autre type d'appel qui suggère la promesse d'un amour spécial et exige que nous en soyons revêtus en vertu de notre appel. Comme avec la descendance d'Abraham, le Seigneur dit à la personne appelée dans ce cas : *Toi, que j'ai pris aux extrémités de la terre, et que j'ai appelé d'une contrée lointaine, à qui j'ai dit : tu es mon serviteur, je te choisis, et ne te rejette point* (Ésaïe 41:9).

Nous décelons, dans ce que le Seigneur a fait, de solides raisons de nous préserver et de nous glorifier à l'avenir. Le Seigneur nous a appelés à la communion avec son Fils Jésus-Christ. Réfléchissez bien à ce que cela signifie : nous sommes appelés à devenir partenaires de Jésus-Christ. Si vous êtes effectivement appelé par la grâce divine, vous êtes entré en communion avec le Seigneur Jésus-Christ, en tant que copropriétaire avec lui en toutes choses. Désormais, vous êtes un avec lui aux yeux du Très-Haut.

Le Seigneur Jésus a porté vos péchés dans son corps sur la croix. Par cet acte, il est devenu malédiction pour vous et, en même temps, il est devenu votre justice. Par conséquent, vous êtes justifié en lui. Vous êtes à Christ et Christ est à vous. De même qu'Adam représente ses descendants, Jésus représente tous ceux qui sont en lui. De même que le mari et la femme ne font qu'un, Jésus ne fait qu'un avec tous ceux qui sont unis à lui par la foi : un par une union conjugale qui ne peut jamais être rompue.

Bien plus, les croyants sont membres du corps de Christ et sont par conséquent unis à lui par un lien d'amour, vivant et durable. Dieu nous a appelés à cette union, à cette communion, à ce partenariat, et par ce fait même, il nous a donné le gage de notre affermissement éternel. Si nous étions considérés comme n'appartenant pas à Christ, nous serions de pauvres individus périssables, bientôt emportés dans la destruction éternelle. Étant unis à Jésus, nous devenons participants de sa nature et dotés de son immortalité. Notre destin est lié au sien, et aussi longtemps qu'il n'est pas détruit, nous vivons.

Conservez ce partenariat avec le Fils de Dieu, ce partenariat auquel vous avez été appelé, car c'est là que réside toute votre espérance. Puisque vous êtes fermement associé à lui, vous ne pouvez jamais être pauvre alors que Jésus est riche. La pauvreté ne peut jamais vous miner, puisque vous êtes copropriétaire avec celui qui possède le ciel et la terre. Vous ne pouvez jamais échouer, car même si l'un des

> **Nous pouvons avancer avec une grande confiance dans l'avenir inconnu, car nous sommes liés éternellement à Jésus.**

partenaires de la société est pauvre, complètement en faillite et incapable de payer ne serait-ce qu'une petite partie de ses lourdes dettes, l'autre partenaire, quant à lui, possède des ressources abondantes et inépuisables. Dans un tel partenariat, vous êtes au-dessus des malheurs du temps, des incertitudes du lendemain et du choc de la fin de toutes choses. Le Seigneur vous a appelé à la communion avec son Fils Jésus-Christ et, par cet acte, il vous a placé sous une protection infaillible.

Si vous êtes vraiment croyant, vous êtes un avec Jésus, et par conséquent, vous bénéficiez de sa sécurité. Voyez-vous la vérité dans cette affirmation ? Vous devez être affermi en lui jusqu'à la fin, jusqu'au jour où vous le rencontrerez, si vous êtes vraiment devenu un avec Jésus par l'acte irrévocable de Dieu. Alors vous, le pécheur converti, serez dans le même bateau que Jésus et, à moins que Jésus ne coule, le croyant ne se noiera jamais. Jésus a fait entrer ses rachetés dans une telle relation avec lui-même qu'il devrait d'abord être battu, vaincu et déshonoré, pour que le plus petit de ceux qu'il s'est acquis soit blessé. Il est le Chef de l'entreprise, et à moins qu'il ne soit déshonoré, nous demeurons à l'abri de toute crainte d'échec.

En conséquence, nous pouvons avancer avec une grande confiance dans l'avenir inconnu, car nous sommes liés éternellement à Jésus. Si les gens du monde demandent : *Qui est celle qui monte du désert, appuyée sur son bien-aimé ?* (Cantique de Salomon 8:5), nous allons confesser avec joie que nous nous appuyons sur Jésus et que nous comptons nous appuyer davantage sur lui. Notre Dieu fidèle est un puits de délices qui coule à flots et notre communion avec le Fils de Dieu est un fleuve plein de joie. Connaissant ces choses glorieuses, nous ne pouvons pas nous décourager. En revanche, nous crions avec l'apôtre en disant : *Qui nous séparera de l'amour de Christ ?* (Romains 8:35).

Conclusion

S i vous ne m'avez pas suivi pas à pas au fil des pages de ce livre, j'en suis sincèrement désolé. La lecture d'un livre a peu de valeur si les vérités qui défilent dans l'esprit ne sont pas saisies, adoptées et appliquées concrètement. C'est comme une personne qui voit beaucoup de nourriture dans un magasin et qui reste affamée, parce qu'elle n'en mange pas personellement. S'il en est ainsi pour vous lorsque vous lisez ce livre, c'est en vain que nous nous sommes rencontrés, vous et moi, à travers les pages de ce livre, si vous n'avez pas accepté Jésus-Christ, mon Seigneur.

En ce qui me concerne, j'ai le désir de vous aider spirituellement et de façon permanente. J'ai fait de mon mieux pour y parvenir, et j'ai désiré ardemment gagner ce privilège. J'ai pensé à vous lorsque j'ai écrit cette page, et j'ai posé mon stylo et me suis incliné avec ferveur dans la prière pour tous ceux qui la liront. J'ai la ferme conviction qu'un grand nombre de lecteurs seront bénis, et je regrette de n'avoir pu vous atteindre de cette manière. Si c'est le cas, je dois vous demander pourquoi vous refusez ?

Si vous ne désirez pas l'excellente bénédiction que je vous ai apportée, faites au moins preuve de justice en admettant que la responsabilité de votre destin final ne repose pas sur moi. Lorsque nous nous retrouverons tous les deux devant le grand trône blanc, vous ne pourrez pas me reprocher d'avoir utilisé l'attention que vous m'avez accordée de façon inutile en lisant mon petit livre. Dieu sait que j'ai écrit chaque ligne pour votre bien éternel. Je vous serre la main maintenant en esprit. Sentez-vous ma fraternelle étreinte ? Mes yeux sont remplis de larmes lorsque je vous regarde et que je vous dis : « Pourquoi mourrez-vous ? Ne pensez-vous pas à votre âme ? Allez-vous choisir de périr spirituellement par pure insouciance ? Je vous en prie, ne faites pas cela. Soupesez ces questions sérieuses et assurez-vous de choisir l'éternité. Ne refusez pas Jésus, son amour, son sang, son salut. Pourquoi feriez-vous cela ? Pouvez-vous vraiment le faire ? Je vous supplie de ne pas vous détourner de votre Rédempteur. »

Par contre, si mes prières ont été entendues et que vous avez fait confiance au Seigneur Jésus et reçu de lui le salut par la grâce, alors gardez cette doctrine et ce mode de vie. Laissez Jésus être votre tout en tout, vivez et agissez dans la seule grâce gratuite. Il n'y a pas d'autre vie que celle d'une personne vivant dans la faveur de Dieu. Recevoir tout cela comme un don (gratuit) protège l'esprit de l'orgueil de la justice de soi et du désespoir auto-accusateur. Cela réchauffe le cœur d'un amour reconnaissant et, de cette manière, cela crée un sentiment dans l'âme qui est infiniment plus acceptable pour Dieu que tout ce qui peut provenir d'une peur irréfléchie.

Ceux qui espèrent être sauvés en essayant de faire de leur mieux ne connaissent rien de cet engagement radieux, de cette chaleur bénie et de cette joie pieuse en Dieu qui viennent avec le salut donné (gratuitement) selon la grâce de Dieu. L'esprit insensé de l'auto-salut n'a rien à envier à l'esprit joyeux de l'adoption. Il y a plus de bénéfice réel dans le plus petit sentiment de foi que dans tous les tiraillements des promesses légales ou dans tous les travaux fatigants des dévots qui projettent de monter au ciel par des séquences de rituels. La foi est spirituelle, et Dieu, qui est esprit, s'en réjouit pour cette raison. Des années passées à dire des prières, à aller à l'église ou à la chapelle et à participer à des cérémonies et à des spectacles ne peuvent être qu'une abomination aux yeux de Dieu, mais un regard de la foi véritable est spirituel et précieux à ses yeux. *Ce sont là les adorateurs que le Père demande* (Jean 4:23). Il faut d'abord s'intéresser à l'homme intérieur et à sa partie spirituelle, et le reste suivra en temps opportun.

> Il faut d'abord s'intéresser à l'homme intérieur et à sa partie spirituelle, et le reste suivra en temps opportun.

Si vous êtes sauvé, veillez sur les âmes qui ne le sont pas. Votre cœur ne prospérera pas s'il n'est pas rempli d'un fardeau intense pour les autres. La vie de votre âme réside dans la foi. Sa santé réside dans l'amour. Celui qui ne désire pas conduire les autres à Jésus n'a jamais été sous l'influence de l'amour de Jésus. Joignez-vous à l'œuvre du Seigneur : son œuvre d'amour. Commencez à la maison. Ensuite, rendez visite à vos voisins. Parlez-en aux personnes du village ou de la rue où vous habitez. Répandez la Parole du Seigneur comme une semence, partout où votre main peut arriver.

Cher lecteur, rejoignez-moi au ciel. Ne choisissez pas de descendre en enfer. Ce lieu de misère est un aller sans retour. Pourquoi voulez-vous emprunter le chemin de la mort, alors que la porte du ciel vous est ouverte ? Ne refusez pas le pardon gratuit, le salut total que Jésus accorde à tous ceux qui lui font confiance. N'hésitez pas, ne tardez pas. Vous avez eu assez de temps pour vous décider. Il est temps d'agir. Croyez en Jésus maintenant avec une détermination immédiate et totale. Prenez des mots avec vous et venez à votre Seigneur aujourd'hui, car c'est maintenant ou jamais. Soyez-en sûr. Il faut que ce soit MAINTENANT, car ce serait horrible que ce ne soit jamais.

Je vous le répète, rejoignez-moi au ciel.

À propos de l'auteur

Charles Haddon (C. H.) Spurgeon (1834-1892) était un prédicateur baptiste britannique. Il a commencé à prêcher à l'âge de 19 ans et est rapidement devenu célèbre. Il est toujours connu comme le « Prince des prédicateurs » et a régulièrement prêché au Tabernacle métropolitain de Londres devant plus de 10 000 auditeurs. Ses sermons ont été imprimés dans des journaux, traduits dans de nombreuses langues et publiés dans de nombreux livres.